本書係「敦煌文獻系統性保護整理出版工程」項目成果

二〇二一—二〇三五年國家古籍工作規劃重點出版項目

「十四五」國家重點出版物出版規劃項目

國家古籍整理出版專項經費資助項目

中國國家圖書館藏
敦煌文獻

中國國家圖書館 編

第二册

BD00013～BD00034

國家圖書館出版社

DUNHUANG MANUSCRIPTS IN THE NATIONAL LIBRARY OF CHINA

002

BD00013 ~ BD00034

compiled by the

National Library of China

National Library of China Publishing House

凡例

一　本書刊布中國國家圖書館藏敦煌文獻，以館藏編號爲序編排。

二　館藏編號采用「BD+流水號」格式，如 BD00001, BD16579 等。背面在編號後加 v 表示。一個編號包含多件文獻者，編號後分别綴以字母 A, B, C 等。一件文獻含有多個内容者，以數字 -1, -2, -3 等標明順序。

三　圖版有縮印或放大處另加説明，尺寸超出本書幅面的以摺葉形式呈現。

四　卷軸裝、梵夾裝、經摺裝等裝幀形制的敦煌文獻，各附外觀圖像。

五　每件文獻依次呈現外觀、正面、背面等。背面僅刊布有文字、圖像或其他要素的圖版，而略去素紙部分，背面圖版同樣以從右到左順序編排。凡有外題者，遵從以上原則。

六　除個别特殊情況外，爲保證閲讀連貫、流暢，圖版儘量通欄呈現。

七　各葉上方附該件文獻全圖，以高亮形式顯示本葉大圖在全卷中的位置。部分長卷文獻全圖衹能分多段呈現時，在上段末以‹符標示下段接續。卷尾内容不足一葉時，文獻全圖使用該圖卷尾部分，亦以‹符標示。背面圖版文字與正面文字方向相反時，文獻全圖按原貌顯示，正文翻轉呈現，以便閲讀研究，用↻符標示。

八　文獻題名大體沿用中國國家圖書館此前所編多部敦煌文獻目録的考證，部分吸收學界最新研究成果略作調整和完善。文獻題名綜合參考原卷首題、尾題、外題確定，如原卷題名與該文獻正式名稱不同，則采用正式名稱；無題名者，或比定題名，或擬定新名。非漢文文獻在題名前標注語種。有分卷不同等其他情況者，括注於文獻名稱後。

九　本書著録使用通行繁體字，涉及原文中的人名、地名等，必要時保留原字形。

About this publication

1. The documents are presented in shelfmark order.
2. The shelfmarks are in the form BD plus a running number, eg. BD00001, BD16579, &c. If a given shelfmark contains multiple documents, these are distinguished by the letters A, B, C, &c. If a document has multiple contents, they are distinguished by the numbering 1, 2, 3, &c. The verso side of an item is indicated by the letter v.
3. If it has been necessary to reduce or enlarge the size of an illustration, the dimensions are indicated. If the size of an illustration exceeds the size of the book, a folding sheet is used.
4. If the document is a scroll, a folded sutra, or has a stitched binding, a picture of the whole object is provided to show its external appearance.
5. The cover, front, and back of each document are reproduced in sequence. The back of a document is only reproduced if it contains text, illustrations, or other markings, and it is oriented from right to left. If it is blank it is not reproduced.
6. Except in a few special cases, the lines of text are reproduced unbroken to make them coherent and easier to read.
7. An illustration of the complete document is reproduced at the top of each page, and the section where the main illustration appears is highlighted in order to indicate its position. If it has only been possible to reproduce a long scroll in sections, the direction symbol has been used to indicate where one illustration ends and the next one begins. If the end of the scroll occupies less than one page, the direction symbol is used to indicate its position in the illustration of the complete document. If the text on the back of the document has a different orientation from the text on the front, it is reproduced as it is, but is also rotated (indicated with the rotation symbol) so that it can be read easily.
8. The titles of the documents generally conform with those already established by the Library, but in some cases have been amended by drawing on the most recent scholarly research. The titles are derived firstly from the beginning of the text, then from the end of the text, and lastly from the cover. If the title of a document differs from its authoritative form, the authoritative form is used; and if a document has no title, one is either supplied by comparison with similar documents, or a new one is devised. If the document is not in Chinese, its language is indicated before the title. If the number of juan is different from that of the authoritative version, or if there are other irregularities, this is noted.
9. The documents in the book are in traditional Chinese characters. Where the title contains personal or place names, the original characters used for these names are retained.

(Translated by David Helliwell)

第二册目録

BD00013 妙法蓮華經卷七

（後秦）鳩摩羅什 譯

205.8cm × 25.5cm

眉間白豪相光遍照東方百八万億那由他
恒河沙等諸佛世界過是數已有世界名淨
光莊嚴其國有佛号淨華宿王智如來應
供正遍知明行足善逝世間解無上士調御丈
夫天人師佛世尊為無量無邊菩薩大衆恭
敬圍繞而為說法釋迦牟尼佛白豪光明遍
照其國尒時一切淨光莊嚴國中有一菩薩
名曰妙音久已殖衆德本供養親近無量百
千万億諸佛而悉成就甚深智慧得妙幢相
三昧法華三昧淨德三昧宿王戲三昧無緣
三昧智印三昧解一切衆生語言三昧集一
切功德三昧清淨三昧神通遊戲三昧慧炬
三昧莊嚴王三昧淨光明三昧淨藏三昧不
共三昧日旋三昧得如是百千万億恒河沙

等諸大三昧釋迦牟尼佛光照其身即白淨
華宿王智佛言世尊我當往詣娑婆世界礼
拜親近供養釋迦牟尼佛及見文殊師利法
王子菩薩藥王菩薩勇施菩薩宿王華菩薩
上行意菩薩莊嚴王菩薩藥上菩薩尒時淨
華宿王智佛告妙音菩薩汝莫輕彼國生下
劣想善男子彼娑婆世界高下不平土石諸
山穢惡充滿佛身卑小諸菩薩衆其形亦小
而汝身四万二千由旬我身六百八十万由
旬汝身第一端正百千万福光明殊妙是故
汝往莫輕彼國若佛菩薩及國土生下劣想
妙音菩薩白其佛言世尊我今詣娑婆世界
皆是如来之力如来神通遊戲如来功德智
慧莊嚴於是妙音菩薩不起于座身不動搖

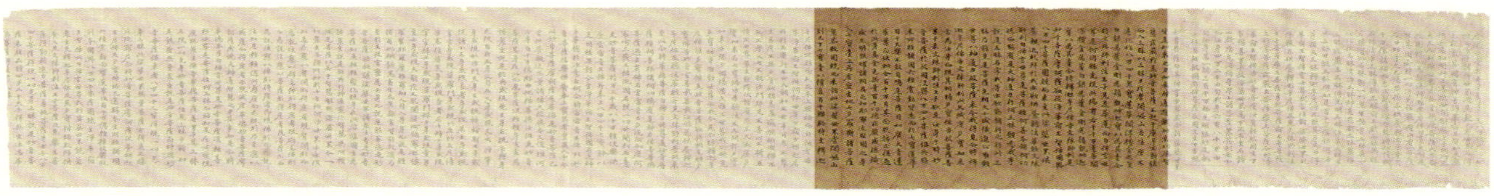

皆是如来之力如来神通遊戲如来功徳智
慧莊嚴於是妙音菩薩不起于座身不動摇
而入三昧以三昧力於耆闍崛山去法座不
遠化作八万四千衆寶蓮華閻浮檀金為莖
白銀為葉金剛為鬚甄叔迦寶以為其臺尒
時文殊師利法王子見是華蓮而白佛言世
尊是何因緣先現此瑞有若干千万蓮華閻
浮檀金為莖白銀為葉金剛為鬚甄叔迦
寶以為其臺尒時釋迦牟尼佛告文殊師利是
妙音菩薩摩訶薩欲從淨華宿王智佛國與
八万四千菩薩圍繞而来至此娑婆世界供
養親近礼拜於我亦欲供養聽法華經文殊
師利白佛言世尊是菩薩種何善本脩何功
徳而能有是大神通力行何三昧願為我等
説是三昧名字我等亦欲勤脩行之行此三

眛乃能見是菩薩色相大小威儀進止唯願
世尊以神通力彼菩薩來令我得見尒時釋
迦牟尼佛告文殊師利此久滅度多寶如來
當為汝等而現其相時多寶佛告彼菩薩善
男子來文殊師利法王子欲見汝身于時妙
音菩薩於彼國沒與八万四千菩薩俱共發
來所經諸國六種震動皆悉雨於七寶蓮華
百千天樂不鼓自鳴是菩薩目如廣大青蓮
華葉正使和合百千万月其面貌端正復過
於此身真金色無量百千功德莊嚴威德熾
盛光明照曜諸相具足如那羅延堅固之身
入七寶臺上昇虛空去地七多羅樹諸菩薩
眾恭敬圍繞而來詣此娑婆世界耆闍崛山
到已下七寶臺以價直百千瓔珞持至釋迦

[illegible]来詣此娑婆世界耆闍崛山
到已下七寶臺以價直百千纓絡持至釋迦
牟尼佛所頭面礼足奉上纓珞而白佛言世
尊淨華宿王智佛問訊世尊少病少惱起居
輕利安樂行不四大調和不世事可忍不衆
生易度不無多貪欲瞋恚愚癡嫉妬慳慢不
無不孝父母不敬沙門邪見不善心不攝五
情不世尊衆生能降伏諸魔怨不久滅度多
寶如来在七寶塔中来聽法不又問訊多寶
如来安隱少惱堪忍久住不世尊我今欲見
多寶佛身唯願世尊示我令見尒時釋迦牟
尼佛語多寶佛是妙音菩薩欲得相見時多
寶佛告妙音言善哉善哉汝能為供養釋迦
牟尼佛及聽法華經并見文殊師利等故来
至此尒時華德菩薩白佛言世尊是妙音菩

薩種何善根修何功德有是神力佛告華德
菩薩過去有佛名雲雷音王多陁阿伽度阿
羅呵三藐三佛陁國名現一切世間劫名憙
見妙音菩薩於万二千歲以十万種伎樂供
養雲雷音王佛并奉上八万四千七寶鉢
是因緣果報今生淨華宿王智佛國有是神
力華德於汝意云何尒時雲雷音王佛所妙
音菩薩伎樂供養奉上寶器者豈異人乎今
此妙音菩薩摩訶薩是華德是妙音菩薩已
曾供養親近無量諸佛久殖德本又值恒河
沙等百千万億那由他佛華德汝但見妙音
菩薩其身在此而是菩薩現種種身處處為
諸衆生說是經典或現梵王身或現帝釋身
或現自在天身大自在天身或現天大將軍

或現自在天身大自在天身或現天大將軍
身或現毗沙門天身王或現轉輪聖王身或
現諸小王身或現長者身或現居士身或現
宰官身或現婆羅門身或現比丘比丘尼優
婆塞優婆夷身或現長者居士婦女身或現
宰官婦女身或現婆羅門婦女身或現童男
童女身或現天龍夜叉乾闥婆阿脩羅迦樓
羅緊那羅摩睺羅伽人非人等身而說是經
諸有地獄餓鬼畜生及衆難處皆能救濟乃
至於王後宮變為女身而說是經華德是妙
音菩薩能救護娑婆世界諸衆生者是妙音
菩薩如是種種變化現身在此娑婆國土為
諸衆生說是經典於神通變化智慧無所損
減是菩薩以若干智慧明照娑婆世界令一

切衆生各得所知於十方恒河沙世界中亦復
如是若應以聲聞形得度者現聲聞形而
為說法應以辟支佛形得度者現辟支佛形
而為說法應以菩薩形得度者現菩薩形而
為說法應以佛形得度者即現佛形而為說
法如是種種隨所應度而為現形乃至應以
滅度而得度者示現滅度華德妙音菩薩摩
訶薩成就大神通智慧之力其事如是尒時
華德菩薩白佛言世尊是妙音菩薩深種善
根世尊是菩薩住何三昧而能如是在所變現
度脫衆生佛告華德菩薩善男子其三昧
名現一切色身妙音菩薩住是三昧中能如
是饒益無量衆生說是妙音菩薩品時與妙
音菩薩俱来者八万四千人皆得現一切色

音菩薩俱来者八万四千人皆得現一切色
身三昧此娑婆世界無量菩薩亦得是三昧
及陁羅尼尒時妙音菩薩摩訶薩供養釋迦
牟尼佛及多寶佛塔已還歸本土所經諸國
六種震動雨寶蓮華作百千万億種種伎樂既
到本國與八万四千菩薩圍繞至淨華宿
王智佛所白佛言世尊我到娑婆世界饒益
衆生見釋迦牟尼佛及見多寶佛塔礼拜供
養又見文殊師利法王子菩薩及見藥王菩
薩得勤精進力菩薩勇施菩薩等亦令八万
四千菩薩得現一切色身三昧說是妙音菩
薩来往品時四万二千天子得無生法忍華
德菩薩得法華三昧

BD00014 四分比丘尼戒本

（後秦）佛陀耶舍 譯

（唐）懷素 集

BD00014v 雜寫

619.5cm × 25cm

若比丘尼瞋恚不喜以无根波羅夷法謗欲破彼[illegible]
後於異時若問若不問知是事无根說我瞋恚故作如
是語是比丘尼犯初法應捨僧伽婆尸沙
若比丘尼瞋恚不喜於異分事中取片非波羅夷比丘尼以
无根波羅夷法謗欲破彼人梵行後於異時若問若不問
知是異分事中取片彼比丘尼住瞋恚法故作如是說是如
比丘尼犯初法應捨僧伽婆尸法沙
若比丘尼詐官人言若居士兒若奴若客作人若晝若夜
若一念須若彈指須若須臾須是比丘尼犯初法應捨僧伽
婆尸沙
若比丘尼先知是賊女罪應死多人所知不問王大臣不種姓
便度出家受具足戒是比丘尼初法應捨僧伽婆尸沙
若比丘尼知比丘尼為僧所舉如法如律如佛所教不順後未
懺悔僧未與作共住羯磨為愛故不問僧僧不約勑出
界外作羯磨與解罪是比丘尼犯初法應捨僧伽婆尸沙
若比丘尼獨度水獨入村獨宿獨在後行是比丘尼犯初

法應捨僧伽婆尸沙
若比丘尼知染汙心男子從彼受可食者及食并餘物
是比丘尼犯初法應捨僧伽婆尸沙
若比丘尼教比丘尼作如是語大姊彼有染汙心无染心能那
汝何汝自无染汙心於彼若得食以時清淨受取此比丘尼
犯初法應捨僧伽婆尸沙
若比丘尼欲壞和合僧方便受破僧法堅持不捨是比丘尼
應諫彼比丘尼言大姊汝莫壞和合僧莫方便壞和合僧
莫受破僧法堅持不捨大姊應與僧和合歡喜不諍同一
師學如水乳合於佛法有增益安樂住是比丘尼諫彼
比丘尼時堅持不捨是比丘尼應三諫捨此故乃至三諫捨
者善不捨者僧伽婆尸沙
若比丘尼有餘比丘尼群黨若一若二若三乃至无數彼比
丘尼語是比丘尼言大姊汝莫諫此比丘尼法此比丘尼法
語比丘尼律語比丘尼此比丘尼所說我等心喜樂此比丘
尼所說我等心喜樂是比丘尼語彼比丘尼言大姊莫作

尼所說我等心喜樂是比丘尼語彼比丘尼言大姊莫作
是說言此比丘尼是法語比丘尼律語比丘尼此比丘尼所
說我等喜樂此比丘尼所說我等忍可何以故此比丘尼所
說非法語非律語大姊莫欲破壞和合僧當樂欲和
合僧大姊與僧和合歡喜不諍同一師學如水乳合於
佛法中有增益安樂住是比丘尼諫彼比丘尼時堅持
不捨是比丘尼應三諫捨此事故乃至三諫捨者善不
捨者是比丘尼說三法應捨僧伽婆尸沙
若比丘尼依城邑若村落住汙他家行惡行 行惡行
亦見亦聞汙他家亦見亦聞是比丘尼諫彼比丘尼
言大姊汝汙他家行惡行惡行亦見亦聞汙他家
亦見亦聞大姊汝汙他家行今可離此村落去不
須此彼比丘尼語此比丘尼作是言大姊諸比丘尼有
愛有恚有怖有癡有如是同罪比丘尼有驅者
有不驅者是諸比丘尼語彼比丘尼言大姊莫作是
語有愛有恚有怖有癡亦莫言有如是同罪
[illegible]

不怖不癡有如是同罪比丘尼有驅者有不驅者大
姊汙他家行惡行行惡行亦見亦聞汙他家亦見
聞是比丘尼諫彼比丘尼時堅持不捨是比丘尼應三
諫捨此事故乃至三諫捨者善不捨者是比丘尼
犯法三應捨僧伽婆尸沙
若比丘尼惡性不受人語於戒法中諸比丘尼如法諫
已自身不受諫語言大姊莫向我說若好若惡我
亦不向汝說若好若惡諸大姊且莫諫我是比丘尼
當諫彼比丘尼言大姊汝莫自身不受諫語大姊
自身當受諫大姊如法諫諸比丘尼諸比丘尼亦
當如法諫大姊如是佛弟子衆得增益展轉相
諫展轉相教展轉懺悔是比丘尼如是諫時堅持不捨
是比丘尼應三諫捨此事故乃至三諫捨者善不捨
者是比丘尼犯三法應捨僧伽婆尸沙
若比丘尼相親近住共作惡聲流布展轉共相
覆罪是比丘尼當諫比丘尼言大姊汝等莫相親近
共作惡行惡聲流布共相覆罪汝等若不相親近

覆羅是比丘尼當諫比丘尼言大姊汝等莫相親近
共作惡行惡聲流布共相覆羅汝等若不相親近
於佛法中得增益安樂住是比丘尼諫彼比丘尼時
堅持不捨是比丘尼應三諫捨此事故乃至三諫捨
者善不捨者是比丘尼犯三法應捨僧伽婆尸沙
若比丘尼比丘尼僧爲作可諫時餘比丘尼教作如是
言汝等莫別住當共住我亦見餘比丘尼不別住
共作惡行惡聲流布共相覆羅僧以恚故教汝
別住是比丘尼應諫彼比丘尼言大姊汝莫教餘比
丘尼言汝等莫別住我等亦見餘比丘尼共作惡
行惡聲流布共相覆羅僧以恚故教汝別住今正
有此二比丘尼共住共作惡行惡聲流布共相覆羅
更无有餘若此比丘尼別住於佛法中有增益安樂
住是比丘尼諫彼比丘尼時堅持不捨是比丘尼應三
諫令捨此事故乃至三諫捨者善不捨者是比丘
尼犯三法應捨僧伽婆尸沙
若比丘尼趣以一小事瞋恚不喜更作是言我捨佛

捨法捨僧不獨有此沙門釋子亦更有餘沙門婆
羅門修梵行者我等亦可於修梵行是比丘尼當
諫彼比丘尼言大姊汝莫取以一小事瞋恚不喜便
作是語我捨佛捨法捨僧不獨有此沙門釋子亦更
有餘沙門沙門婆羅門修梵行者我等亦可於行
梵行若是比丘尼諫彼比丘尼時堅持不捨彼比丘尼
應三諫捨此事故乃至三諫捨者善不捨者是比
丘尼三法應捨僧伽婆尸沙
若比丘尼喜鬪諍不善憶持諍事後瞋恚作是語
僧有愛有恚有怖有癡是比丘尼應諫彼比丘尼
言妹汝莫喜鬪諍不善憶持諍事後瞋恚作是
語僧有愛有恚有怖有癡而僧不愛不恚不怖不
癡汝自有愛有恚有癡是比丘尼諫彼比丘尼時堅
持不捨彼比丘尼應三諫捨此事故乃至三諫捨者
善不捨者是比丘尼犯三法應捨僧伽婆尸沙
諸大姊我已說十七僧伽婆尸沙法九初犯罪八乃至三

諸大姊我已說十七僧伽婆尸沙法九初犯罪八乃至三
諫若比丘尼犯一一法應半月半月二部僧中行摩那
埵行摩那埵已餘有出罪應二部各二十人僧中
出是比丘尼罪若少一人不滿四十衆出是比丘尼罪
是比丘尼罪不得除諸比丘尼亦可訶此是時今問
諸大姊是中清淨不如是至三諸大姊是中清淨默然
故是事如是持
諸大姊是三十尼薩耆波逸提法半月半月說戒
經中來
若比丘尼衣已竟迦絺那衣已捨畜長衣經十日
不淨施得畜若過十日尼薩耆波逸提
若比丘尼衣竟迦絺那衣已捨五衣中若離一一衣
異處宿經一夜除僧羯磨波逸提
若比丘尼衣已竟迦絺那衣已捨若得非時衣
欲須便受受已疾成衣若足者善若得非時衣欲
不足者得畜一月為滿故若過者尼薩耆波逸提
若比丘尼從非親里居士居士婦乞衣除餘時尼

波逸提餘時者若奪衣失衣燒衣漂衣是名
餘時　若比丘尼奪衣失衣燒衣漂衣若非親里
居士居士婦自恣請多與衣是比丘尼當知足受衣若
過受尼薩耆波逸提
若比丘尼居士居士婦為比丘尼辦衣價具如是衣
價與某甲比丘尼先不受自恣請到居士家作如是
說善哉居士為我辦如是如是衣價與我為好
故若得衣者尼薩耆波逸提
若比丘尼二居士居士婦與比丘尼辦衣價我曹如
是衣價與某甲比丘尼是比丘尼先不受自恣請到
二居士家作如是言善哉居辦如是衣價與我作
共作一衣為好故若得衣者尼薩耆波逸提
若比丘尼若王若大臣若婆羅門若居士居士婦遣使
為比丘尼送衣價持如是衣價與某甲比丘尼彼使
至比丘尼所語言阿姨為汝送衣價受取是比丘尼
語彼語彼使如是言我不應受此衣價我若須衣合

至比丘尼所語言阿姨今為汝故送是衣價受取
語彼語彼使如是言我不應受此衣價我若須衣合
時清淨當受彼使語比丘尼言阿姨有執事人不
須衣比丘尼應語言有若僧伽藍民若優婆塞此是比丘尼
執事人常為比丘尼執事彼使至執事人所與衣價已
還到比丘尼所如是言阿姨所示某甲執事人我已與
衣價大姊知時往彼當得衣比丘尼若須衣者當往執
事人所二反三反語言我須衣若二反三反為作憶念
得衣者善若不得衣四反五反六反在前默然立令彼
憶念若四反五反六反在前默然住得衣者善若不得衣
過是求得衣者尼薩耆波逸提若不得衣隨彼使所來
處若自往若遣使往語言汝先遣使持衣價與某甲
比丘尼是比丘尼竟不得衣汝還取莫使失此是時
若比丘尼自取金銀若錢若教人取若口可受者尼薩耆
波逸提　若比丘尼種買賣寶物者尼薩耆波逸
若比丘尼種種販賣者尼薩耆波逸提
若比丘尼畜鉢減五綴不漏更求新鉢為好故尼薩耆波逸

提是比丘尼當持此鉢於尼衆中捨從次第貿至下坐
鉢與此比丘尼言妹持此鉢乃持至破此是時
若比丘尼自求縷使非親里織師織作衣者尼薩耆
波逸提　若比丘尼居士居士婦使織師為比丘尼織
作衣彼比丘尼先不受自恣請便往到彼所語織師言
此衣為我織極好織令廣大堅緻齊整好我當少
多與汝價若比丘尼與價乃至食直得衣者尼薩
耆波逸提　若比丘尼與比丘尼衣已後瞋恚若自奪
若教人奪取還我衣來不與汝是比丘尼應還衣彼
取衣者尼薩耆波逸提
若比丘尼有諸病畜藥蘇油生蘇蜜石蜜得食殘宿
乃至七日得服若過七日服尼薩耆波逸提
若比丘尼十日未滿夏三月若有急施衣比丘尼如是
急衣應受受已乃至衣時應畜若過者尼薩耆波
逸提　若比丘尼知物向僧自求入已者尼薩耆波逸提
若比丘尼知檀越所為僧施異迴作餘用者尼薩耆

逸提若比丘尼知物向僧自求入已者尼薩耆波逸提
若比丘尼知檀越所爲僧施異迴作餘用者尼薩耆
波逸提
若比丘尼所爲施物異自求爲僧迴作餘用者尼薩
耆波逸提
若比丘尼檀越所施物異迴作餘者尼薩耆波逸提
若比丘尼檀越所爲施物異自求爲僧迴作餘用者
尼薩耆波逸提
若比丘尼畜長鉢者尼薩耆波逸提
若比丘尼多畜好色器者尼薩耆波逸提
若比丘尼許他比丘尼病衣後不與者尼薩耆波逸提
若比丘尼與非時衣受作時衣者尼薩耆波逸提
若比丘尼與比丘尼貿易衣後瞋恚還自奪取若使
人奪妹還我衣來我不與汝衣屬汝我衣還我者
尼薩耆波逸提

若比丘尼欲乞輕衣極重價直兩張疊過者尼薩耆
波逸提
諸大姊我已說三十尼薩耆波逸提法今問諸大姊是
中清淨不第三諸大姊是中清淨默然故是事如是持
諸大姊是一百七十八波逸提法半月半月說戒經中來
若比丘尼故妄語者波逸提
若比丘尼毀呰語者波逸提
若比丘尼兩舌語者波逸提
若比丘尼與男子同室宿者波逸提
若比丘尼共未受大戒女人同室宿者若過三宿波逸提
若比丘尼與未受具戒人共誦法者波逸提
若比丘尼知他有麁惡罪向未受大戒人說除僧羯磨波
若比丘尼向未受大戒人說過人法言我知是我見是
實者波逸提
若比丘尼與男子說法過五六語除有知事人波逸提
若比丘尼自手掘地若教人掘者波逸提 十

若比丘尼與男子說法過五六語除有知事人波逸提
若比丘尼自手掘地若教人掘者波逸提 +
若比丘尼壞鬼神村者波逸提
若比丘尼妄作異語惱他者波逸提
若比丘尼嫌罵他者波逸提
若比丘尼取僧繩床若木林若臥具坐褥露地自敷
若教人敷捨去不自舉不教人舉波逸提
若比丘尼於僧房中取僧臥具自敷若教人敷在
中若坐若臥從彼處捨去不自舉不教人舉者波逸提
若比丘尼知比丘尼先住處後來於中間敷臥具止宿
念言彼若嫌迮者自當避我去作如是因緣非餘非
威儀波逸提
若比丘尼瞋他比丘尼不喜僧房中自牽出若教人牽出
者波逸提
若比丘尼若在重閣上脫脚繩床若木床若臥若坐波逸提
若比丘尼知水有虫若澆泥若草若教人澆者波逸提
若比丘尼作大房戶扉窓牖及餘莊飾具指授覆苫

辭二三說若過者波逸提
若比丘尼施一食處无病比丘尼應一食若過受者波逸提
若比丘尼別衆食除餘時波逸提餘時者病時作衣時施
衣時行道時船上時大會時沙門施食時此是時
若比丘尼至檀越家慇勤請與餅麨飯比丘尼欲須者當
二三鉢應受持至寺内分與餘比丘尼食若比丘尼无病
過三鉢受持至寺中不分與餘比丘尼食者波逸提
若比丘尼非時食餐者波逸提
若比丘尼殘宿食餐者波逸提
若比丘尼不受食及藥著口中除水及楊枝波逸提
若比丘尼先受請已若前食後食行詣餘家不囑餘
比丘尼除餘時波逸提餘時者病時作衣時施衣時此是時
若比丘尼食家中有寶強安坐者波逸提
若比丘尼食家中有寶在屏處坐者波逸提
若比丘尼獨與男子露地一處共坐者波逸提
若比丘尼語比丘尼如是語大姊共汝至聚落當與汝

若比丘尼語比丘尼如是語大姊共汝至聚落當與汝
食彼比丘尼竟不教與是比丘尼食如是言大姊去我與
汝一處共坐共語不樂我獨坐獨語樂以是因緣非餘
方便遣去者波逸提
若比丘尼請比丘尼四月與藥无病比丘尼應受若
過受除常請更請分請盡形請波逸提
若比丘尼往觀軍陣除時因緣波逸提
若比丘尼有因緣至軍中若二宿三宿過者波逸提
若比丘尼軍中住若二宿三宿或時觀軍陣鬪戰若觀遊
軍象馬勢力者波逸提
若比丘尼飲酒者波逸提
若比丘尼水中戲者波逸提
若比丘尼與指相攊者波逸提
若比丘尼不受諫者波逸提
若比丘尼恐怖他比丘尼者波逸提卌
若比丘尼半月洗浴无病比丘尼應受若過受除餘時
波逸提餘時熱時病時作時風時雨時遠行時

時若比丘尼无病[illegible]

時波逸提

若比丘尼藏他比丘尼若鉢若衣若坐具針筒自藏教

人藏下至戲笑者波逸提

若比丘尼淨施比丘尼式叉摩那沙弥尼衣後不問主

取著者波逸提

若比丘尼得新衣當作三種染壞色青黑木蘭若比丘

尼得衣不作三種染壞色青黑木蘭新衣持者波逸提

若比丘尼故斷畜生命者波逸提

若比丘尼知水有虫飲者波逸提

若比丘尼惱他比丘尼乃至少時不樂者波逸提

若比丘尼知比丘尼有麁惡罪覆藏者波逸提

若比丘尼知僧諍事如法懺悔已後更發舉者波逸提

若比丘尼知是賊伴共期一道行乃至一聚落波逸提

若比丘尼作如是語我知佛所說法行婬欲非障道

法彼比丘尼諫此比丘尼言大姉莫作是語莫謗世尊

[illegible]

若比丘尼作如是語我知佛所說法行婬欲非障道
法彼比丘尼諫此比丘尼言大姊莫作是語莫謗世尊
謗世尊者不善世尊不作是語世尊無數方便說
婬欲是障道法犯婬欲者是障道法彼比丘尼諫此比
丘尼時堅持不捨彼比丘尼乃至三諫令捨是事乃至
三諫捨者善不捨者波逸提
若比丘尼知如是語人未作法如是邪見而不捨若畜一宿
同一止宿波逸提
若比丘尼知沙彌尼作如是語我知佛所說法行婬欲非
障道法彼比丘尼諫此沙彌尼言汝莫作是語莫誹
謗世尊誹謗世尊者不善世尊不作是語沙彌尼世
尊數方便說婬欲是障道法犯婬欲者是障道法彼
比丘尼諫此沙彌尼時堅不捨彼比丘尼應乃至三諫捨
此事故乃至三諫時若捨者善不捨者彼比丘尼應語
是沙彌尼言汝自今已去非佛弟子得隨餘比丘尼行如
諸沙彌尼得與比丘尼二三宿汝今無是事汝去滅去不
須此中住若比丘尼知被擯沙彌尼若畜共同止宿

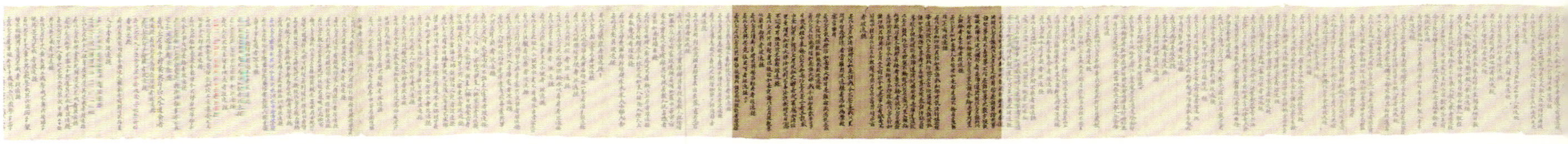

者波逸提
若比丘尼如法諫時作如是語我今不學是戒乃至
問有智慧持律者當難問波逸提若為知為學故
應當難問
若比丘尼說戒時作如是語大姊用是雜碎戒為說是戒
時令人惱愧懷疑輕訶戒故波逸提
若比丘尼說戒時作如是語大姊我今始知是戒半月半
月說戒經中來餘比丘尼知是比丘尼若二若三說戒
中坐何況多彼比丘尼无知无解若犯罪應如法治
更重增无知法大姊汝无利不善汝說戒時不用心念
不一心兩耳聽法彼无知故波逸提
若比丘尼共同羯磨已後作如是說諸比丘尼隨親厚
以衆僧物與者波逸提
若比丘尼僧斷事時不與欲而起去者波逸提
若比丘尼與欲竟後更呵者波逸提 六十
若比丘尼比丘尼共鬪諍後聽此語已欲向彼說者波逸提

若比丘尼比丘尼共鬪諍後聽此諍已欲向彼說者波逸提
若比丘尼瞋恚故不喜於彼比丘尼者波逸提
若比丘尼瞋恚故不喜以手摶比丘尼者波逸提
若比丘尼瞋恚故不喜以无根僧伽婆尸沙法謗者
波逸提
若比丘尼剎利水澆頭王種王未出未藏寶若入宮
過門閾者波逸提
若比丘尼若寶及寶莊飾具自捉若教人捉除僧
伽藍中及寄宿處波逸提若僧伽藍中若寄宿
處若寶若以寶莊飾具自捉若教人捉若識者
當取如是因緣非餘
若比丘尼非時入聚落又不屬餘比丘尼者波逸提
若比丘尼作繩床木床足應如來八指除入梐孔上
若截竟過者波逸提
若比丘尼持兜羅綿貯作繩床木床大小褥成者
若臥具坐具波逸提

若比丘尼嚼蒜者波逸提 七十

若比丘尼剃三處毛者波逸提

若比丘尼以水作淨應齊兩指各一節若過者波逸提

若比丘尼以胡膠作男根者波逸提

若比丘尼共相拍者波逸提

若比丘尼比丘尼無病時供給水以扇扇者波逸提

若比丘尼乞生穀者波逸提

若比丘尼在生草上大小便者波逸提

若比丘尼夜便大小便器中晝不看牆外棄者波逸提

若比丘尼往觀看伎樂者波逸提

若比丘尼村內與男子在屏處共立語者波逸提

若比丘尼與男子共入屏障處者波逸提

若比丘尼入村內巷陌中遣伴遠去在屏處與男子共立耳語者波逸提

若比丘尼入白衣家內坐不語主人遠去者波逸提

若比丘尼入白衣家內不語主人輒坐床者波逸提

若比丘尼入白衣家内不語主人輒坐床者波逸提
若比丘尼入白衣家内不語主人輒自敷坐宿者
波逸提　若比丘尼與男子共入闇室中者波逸提
若比丘尼不審諦受師語便向人説者波逸提
若比丘尼有少因緣事便咒且墮三惡道不生佛
法中若汝有如是事亦墮三惡道不生佛法中若
我有如是事亦墮三惡道不生佛法中者波逸提
若比丘尼不善憶持諍事推胷哭者波逸提
若比丘尼无病二人共床卧者波逸提
若比丘尼共同一褥一被卧除時者波逸提
若比丘尼知先住處後至知後至先住爲好故在前
誦經問義教者波逸提
若比丘尼同活比丘尼病不瞻視者波逸提
若比丘尼安居初聽餘比丘尼在房中安居床後瞋
驅出者波逸提
若比丘尼春夏冬一切時人間遊行除餘因緣者波逸提

若比丘尼夏安居訖不去者波逸提
若比丘尼邊界有疑恐怖處人間遊行者波逸提
若比丘尼於界內有疑恐怖處在人間遊行波逸提
若比丘尼親近居士居士兒共住作不隨順行大姊可
餘比丘尼諫此比丘尼言妹汝莫親近居士居士兒共
住作不隨順行大姊可別住若別住於佛法中有增
益安樂住彼比丘尼時堅持不捨彼比丘尼應三諫捨
此事故乃至三諫捨此事者善若不捨者波逸提
若比丘尼往觀王宮文飾堂畫園林浴池者波逸提
若比丘尼露身形在河水泉流水池水中浴者波逸提
若比丘尼作浴衣應量作應量作者長佛六磔手廣
二磔手半若過者波逸提
若比丘尼縫僧伽梨過五日者波逸提
若比丘尼過五日不看僧伽梨者波逸提
若比丘尼與眾僧衣作留難者波逸提
若比丘尼不問主便著他衣者波逸提
若比丘尼持沙門衣與外道白衣者波逸提

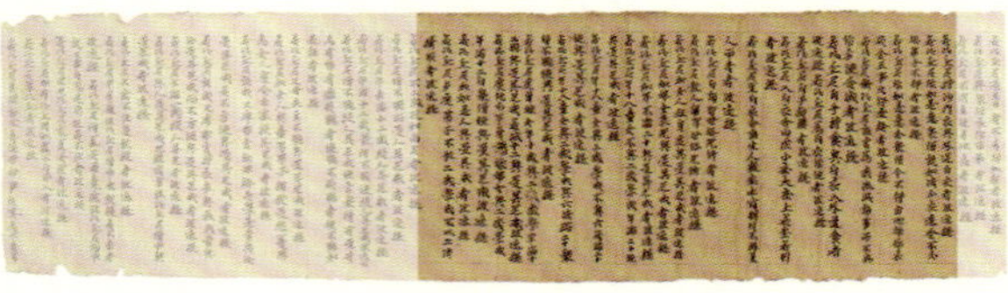

若比丘尼持沙門衣與外道白衣者波逸提
若比丘尼作如是意衆僧說如法分衣遮令不分
恐弟子不得者波逸提
若比丘尼作如是意令衆僧令不得出迦絺那衣
破令五事久得受捨者波逸提
若比丘尼餘比丘尼語言爲我滅此諍事而不與
作方便令滅者波逸提
若比丘尼自手持食與白衣入外道食者
波逸提 若比丘尼爲白衣作使者波逸提
若比丘尼自手紡縷者波逸提
若比丘尼入白衣舍內在小床大床上若坐若臥
者波逸提
若比丘尼至白衣舍語主人敷坐止宿明日不辭主
人而去者波逸提
若比丘尼自誦習世俗呪術者波逸提
若比丘尼以教人誦習世俗呪術者波逸提

若比丘尼[illegible]受具足戒者波逸提
若比丘尼知婦女乳兒與受具足戒者波逸提
若比丘尼知年不滿二十與受具足戒者波逸提
若比丘尼年十八童女不與二歲學戒年滿二十使
與受具足戒者波逸提
若比丘尼年十八童女與二歲學戒不與六法滿二十
使與受具足戒者波逸提
若比丘尼年十八童女與二歲學戒與六法滿二十衆
僧不聽便與受具足戒者波逸提
若比丘尼度曾嫁女年十歲與二歲學戒年滿十
二聽與受具足戒若減十二與受具足戒波逸提
若比丘尼度他小年曾嫁婦女與二歲學戒
年滿十二白衆僧便與受具足戒波逸提
若比丘尼知如是人與受具戒者波逸提
若比丘尼多度弟子不教二歲學戒不以二法
攝取者波逸提
若比丘尼[illegible]者波逸提

攝取者波逸提
若比丘尼不二歲隨和尚尼者波逸提
若比丘尼僧不聽而受人具足戒者波逸提
若比丘尼年未滿十二歲授人具足戒者波逸提
若比丘尼年滿十二歲衆僧不聽便授人具足戒波逸提
若比丘尼僧不聽授人具足戒便言衆僧有愛有
恚有怖有癡欲聽者使聽不欲聽者使不聽如
是語者波逸提
若比丘尼父母夫主不聽與受具足戒波逸提
若比丘尼知女人與童男男子相敬愛愁憂瞋
恚女人度令出家授具足戒者波逸提
若比丘尼語式叉摩那言汝妹捨是學是當與汝
受具足戒若不方便與受具足戒者波逸提
若比丘尼語式叉摩那言持衣來與我我當與
汝受具足戒而不方便與受具足戒者波逸提
若比[illegible]一歲受[illegible]者波逸

若比丘尼與人受具足戒已經宿方往比丘尼僧中與
受足戒者波逸提
若比丘尼不病不往受教授者波逸提
若比丘尼半月應往比丘尼僧中求教授若不求者
波逸提　若比丘尼僧夏安居竟應往比丘尼僧中
説三事自恣見聞疑若不往者波逸提
若比丘尼在无比丘尼處夏安居者波逸提
若比丘尼知有比丘僧伽藍不白而入者波逸提
若比丘尼罵比丘者波逸提
若比丘尼喜鬪諍不善憶持諍事後瞋恚不喜罵

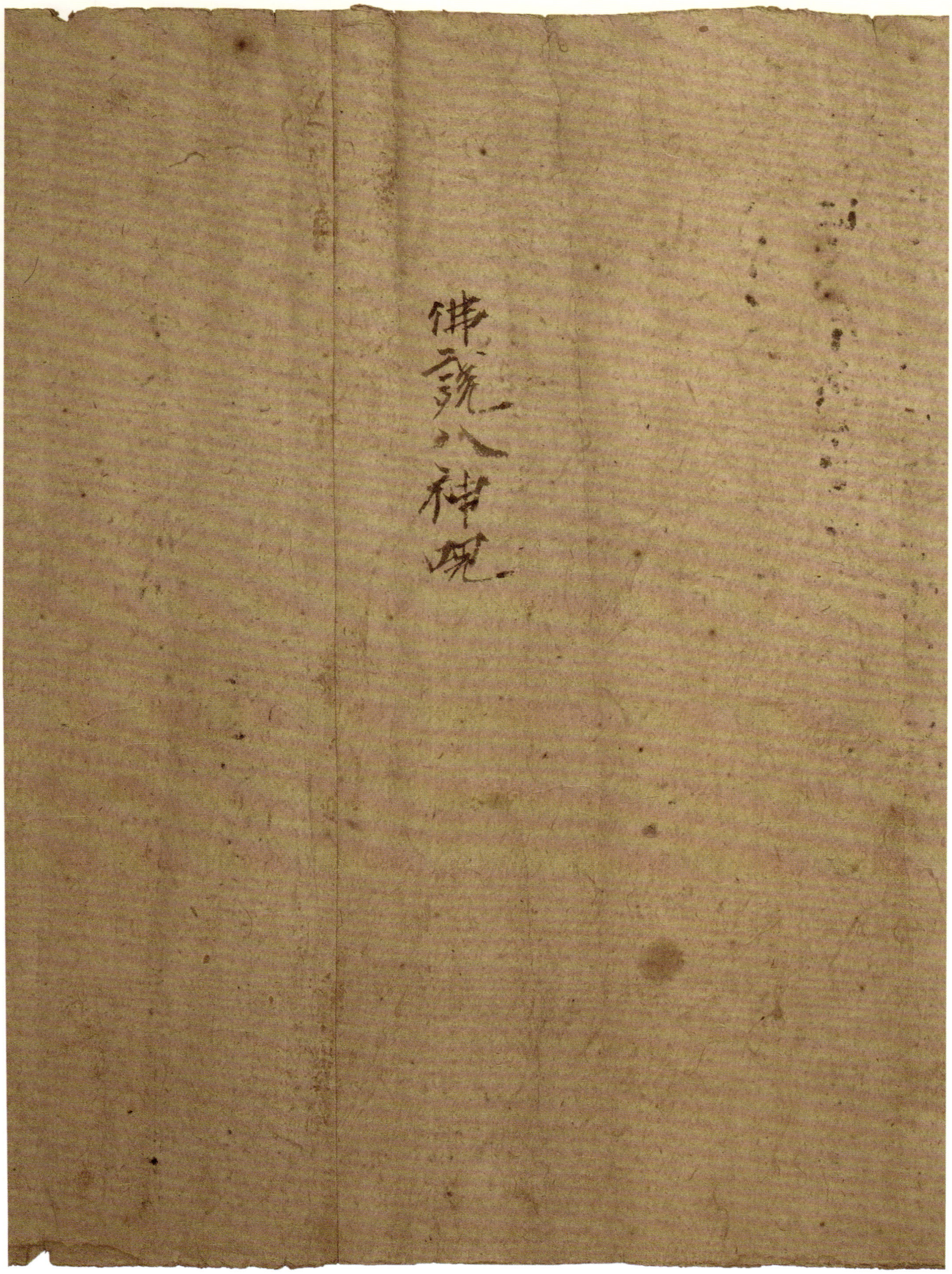

佛說八陽神呪

BD00014v　雜寫

BD00015　大般若波羅蜜多經卷三一三

（唐）玄奘 譯

496.4cm×26.1cm

妄性不變異性平等性離生性法定法住實
際虛空界不思議界不隨聲聞及獨覺地疾
證無上正等菩提復能攝受苦聖諦集聖諦
滅聖諦道聖諦不隨聲聞及獨覺地疾證無
上正等菩提復能攝受四靜慮四無量四無
色定不隨聲聞及獨覺地疾證無上正等菩
提復能攝受八解脫八勝處九次等定十遍
處不隨聲聞及獨覺地疾證無上正等菩提
復能攝受四念住四正斷四神足五根五力
七等覺支八聖道支不隨聲聞及獨覺地疾
證無上正等菩提復能攝受空解脫門無相
解脫門無願解脫門不隨聲聞及獨覺地疾
證無上正等菩提復能攝受菩薩十地不隨
聲聞及獨覺地疾證無上正等菩提復能攝

受五眼六神通不墮聲聞及獨覺地疾證無
上正等菩提復能攝受佛十力四無所畏四
無礙解大慈大悲大喜大捨十八佛不共法
不墮聲聞及獨覺地疾證無上正等菩提復
能攝受無忘失法恒住捨性不墮聲聞及獨
覺地疾證無上正等菩提復能攝受一切智
道相智一切相智不墮聲聞及獨覺地疾證
無上正等菩提復能攝受一切陁羅尼門一
切三摩地門不墮聲聞及獨覺地疾證無上
正等菩提復能攝受一切菩薩摩訶薩行不
墮聲聞及獨覺地疾證無上正等菩提復能
攝受諸佛無上正等菩提不墮聲聞及獨覺
地疾證無上正等菩提
如是善現住菩薩乘諸善男子善女人等以
能攝受甚深般若波羅蜜多亦能攝受方便

如是善現住菩薩乘諸善男子善女人等以
能攝受甚深般若波羅蜜多亦能攝受方便
善巧故不墮聲聞及獨覺地疾證無上正等
菩提

初分真善友品第卌五

尒時具壽善現白佛言世尊初業菩薩摩訶
薩應云何學般若波羅蜜多應云何學靜慮
波羅蜜多應云何學精進波羅蜜多應云何
學安忍波羅蜜多應云何學淨戒波羅蜜多
應云何學布施波羅蜜多佛言善現初業菩
薩摩訶薩若欲修學般若靜慮精進安忍淨
戒布施波羅蜜多應先親近供養恭敬能善
宣說般若靜慮精進安忍淨戒布施波羅蜜
多真善知識謂說般若波羅蜜多甚深經時

作如是言善男子汝布施時應作是念所
脩布施普施一切有情同共迴向無上正等
菩提汝持戒時應作是念所脩淨戒普施一
切有情同共迴向無上正等菩提汝脩忍時
應作是念所脩安忍普施一切有情同共迴
向無上正等菩提汝精進時應作是念所脩
精進普施一切有情同共迴向無上正等菩
提汝脩定時應作是念所脩靜慮普施一切
有情同共迴向無上正等菩提汝脩慧時應
作是念所脩般若普施一切有情同共迴向
無上正等菩提
善男子汝不應以色而取無上正等菩提亦
不應以受想行識而取無上正等菩提所以
者何若不取色便得無上正等菩提不取受
想行識便得無上正等菩提故善男子汝不

BD00015　大般若波羅蜜多經卷三一三

不應以受想行識而取無上正等菩提所以
者何若不取色便得無上正等菩提不取受
想行識便得無上正等菩提故善男子汝不
應以眼處而取無上正等菩提亦不應以耳
鼻舌身意處而取無上正等菩提所以者何
若不取眼處便得無上正等菩提不取耳鼻
舌身意處便得無上正等菩提故善男子汝
不應以色處而取無上正等菩提亦不應以
聲香味觸法處而取無上正等菩提所以者
何若不取色處便得無上正等菩提不取聲
香味觸法處便得無上正等菩提故善男子
汝不應以眼界而取無上正等菩提亦不應
以色界眼識界及眼觸眼觸為緣所生諸受
而取無上正等菩提所以者何若不取眼界
便得無上正等菩提不取色界乃至眼觸為

緣所生諸受便得無上正等菩提故善男子
汝不應以耳界而取無上正等菩提亦不應
以聲界耳識界及耳觸耳觸為緣所生諸受
而取無上正等菩提所以者何若不取耳界
便得無上正等菩提不取聲界乃至耳觸為
緣所生諸受便得無上正等菩提故善男子
汝不應以鼻界而取無上正等菩提亦不應
以香界鼻識界及鼻觸鼻觸為緣所生諸受
而取無上正等菩提所以者何若不取鼻界
便得無上正等菩提不取香界乃至鼻觸為
緣所生諸受便得無上正等菩提故善男子
汝不應以舌界而取無上正等菩提亦不應
以味界舌識界及舌觸舌觸為緣所生諸受
而取無上正等菩提所以者何若不取舌界
便得無上正等菩提不取味界乃至舌觸為

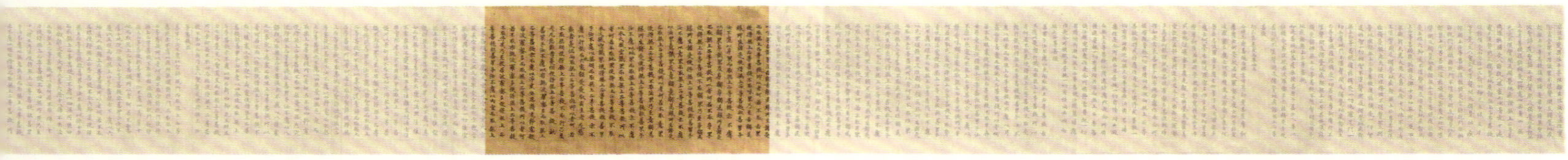

以味界舌識界及舌觸舌觸為緣所生諸受
而取無上正等菩提所以者何若不取舌界
便得無上正等菩提不取味界乃至舌觸為
緣所生諸受便得無上正等菩提故善男子
汝不應以身界而取無上正等菩提亦不應
以觸界身識界及身觸身觸為緣所生諸受
而取無上正等菩提所以者何若不取身界
便得無上正等菩提不取觸界乃至身觸為
緣所生諸受便得無上正等菩提故善男子
汝不應以意界而取無上正等菩提亦不應
以法界意識界及意觸意觸為緣所生諸受
而取無上正等菩提所以者何若不取意界
便得無上正等菩提不取法界乃至意觸為
緣所生諸受便得無上正等菩提故善男子
汝不應以地界而取無上正等菩提亦不應

以水火風空識界而取無上正等菩提所以
者何若不取地界便得無上正等菩提不取
水火風空識界便得無上正等菩提故善男
子汝不應以無明而取無上正等菩提亦不
應以行識名色六處觸受愛取有生老死愁
歎苦憂惱而取無上正等菩提所以者何若
不取無明便得無上正等菩提不取行乃至
老死愁歎苦憂惱便得無上正等菩提故
善男子汝不應以布施波羅蜜多而取無上
正等菩提亦不應以淨戒安忍精進靜慮般
若波羅蜜多而取無上正等菩提所以者何
若不取布施波羅蜜多便得無上正等菩提
不取淨戒乃至般若波羅蜜多便得無上正
等菩提故善男子汝不應以內空而取無上

不取淨戒乃至般若波羅蜜多便得無上正
等菩提故善男子汝不應以內空而取無上
正等菩提亦不應以外空內外空空空大空
勝義空有為空無為空畢竟空無際空散空
無變異空本性空自相空共相空一切法空
不可得空無性空自性空無性自性空而取
無上正等菩提所以者何若不取內空便得
無上正等菩提不取外空乃至無性自性空
便得無上正等菩提故善男子汝不應以真
如而取無上正等菩提亦不應以法界法性
不虛妄性不變異性平等性離生性法定法
住實際虛空界不思議界而取無上正等菩
提所以者何若不取真如便得無上正等菩
提不取法界乃至不思議界便得無上正等
菩提故善男子汝不應以苦聖諦而取無上

等菩提亦不應以集滅道聖諦而取無上
正等菩提所以者何若不取苦聖諦便得無
上正等菩提不取集滅道聖諦便得無上正
等菩提故善男子汝不應以四靜慮而取無
上正等菩提亦不應以四無量四無色定而
取無上正等菩提所以者何若不取四靜慮
便得無上正等菩提不取四無量四無色定
便得無上正等菩提故善男子汝不應以八
解脫而取無上正等菩提亦不應以八勝處
九次第定十遍處而取無上正等菩提所以
者何若不取八解脫便得無上正等菩提不
取八勝處九次第定十遍處便得無上正等
菩提故善男子汝不應以四念住而取無上
正等菩提亦不應以四正斷四神足五根五

菩提故善男子汝不應以四念住而取無上
正等菩提亦不應以四正斷四神足五根五
力七等覺支八聖道支而取無上正等菩提
所以者何若不取四念住便得無上正等菩
提不取四正斷乃至八聖道支便得無上正
等菩提故
善男子汝不應以空解脫門而取無上正等
菩提亦不應以無相無願解脫門而取無上
正等菩提所以者何若不取空解脫門便得
無上正等菩提不取無相無願解脫門便得
無上正等菩提故善男子汝不應以菩薩十
地而取無上正等菩提所以者何若不取菩
薩十地便得無上正等菩提故善男子汝不
應以五眼而取無上正等菩提亦不應以六
神通而取無上正等菩提所以者何若不取

五眼便得無上正等菩提不取六神通便得
無上正等菩提故善男子汝不應以佛十力
而取無上正等菩提亦不應以四無所畏四
無礙解大慈大悲大喜大捨十八佛不共法
而取無上正等菩提所以者何若不取佛十
力便得無上正等菩提不取四無所畏乃至
十八佛不共法便得無上正等菩提故善男
子汝不應以無忘失法而取無上正等菩提
亦不應以恒住捨性而取無上正等菩提所
以者何若不取無忘失法便得無上正等菩
提不取恒住捨性便得無上正等菩提故善
男子汝不應以一切智而取無上正等菩提
亦不應以道相智一切相智而取無上正等
菩提所以者何若不取一切智便得無上正

亦不應以道相智一切相智而取無上正等
菩提所以者何若不取一切智便得無上正
等菩提不取道相智一切相智便得無上正
等菩提故善男子汝不應以一切陁羅尼門
而取無上正等菩提亦不應以一切三摩地
門而取無上正等菩提所以者何若不取一
切陁羅尼門便得無上正等菩提不取一切
三摩地門便得無上正等菩提故
善男子汝不應以預流果而取無上正等菩
提亦不應以一來不還阿羅漢果而取無上
正等菩提所以者何若不取預流果便得無
上正等菩提不取一來不還阿羅漢果便得
無上正等菩提故善男子汝不應以獨覺菩
提而取無上正等菩提所以者何若不取獨
覺菩提便得無上正等菩提故善男子汝不

應以一切菩薩摩訶薩行而取無上正等菩
提所以者何若不取一切菩薩摩訶薩行便
得無上正等菩提故善男子汝不應以諸佛
無上正等菩提而取無上正等菩提所以者
何若不取諸佛無上正等菩提便得無上正
等菩提故
善男子汝勿於色而生貪愛亦勿於受想行
識而生貪愛所以者何以色受想行識非可
貪愛何以故以一切法自性空故善男子汝
勿於眼處而生貪愛亦勿於耳鼻舌身意處
而生貪愛所以者何以眼耳鼻舌身意處非
可貪愛何以故以一切法自性空故善男子
汝勿於色處而生貪愛亦勿於聲香味觸法
處而生貪愛所以者何以色聲香味觸法處

汝勿於色處而生貪愛亦勿於聲香味觸法
處而生貪愛所以者何以色聲香味觸法處
非可貪愛何以故以一切法自性空故善男
子汝勿於眼界而生貪愛亦勿於色界眼識
界及眼觸眼觸爲緣所生諸受而生貪愛所
以者何以眼界乃至眼觸爲緣所生諸受非
可貪愛何以故以一切法自性空故善男子
汝勿於耳界而生貪愛亦勿於聲界耳識界
及耳觸耳觸爲緣所生諸受而生貪愛所以
者何以耳界乃至耳觸爲緣所生諸受非可
貪愛何以故以一切法自性空故善男子汝
勿於鼻界而生貪愛亦勿於香界鼻識界及
鼻觸鼻觸爲緣所生諸受而生貪愛所以者
何以鼻界乃至鼻觸爲緣所生諸受非可貪
愛何以故以一切法自性空故善男子汝勿

於舌界而生貪愛亦勿於味界舌識界及舌
觸舌觸為緣所生諸受而生貪愛所以者何
以舌界乃至舌觸為緣所生諸受非可貪愛
何以故以一切法自性空故善男子汝勿於
身界而生貪愛亦勿於觸界身識界及身觸
身觸為緣所生諸受而生貪愛所以者何以
身界乃至身觸為緣所生諸受非可貪愛何
以故以一切法自性空故善男子汝勿於意
界而生貪愛亦勿於法界意識界及意觸意
觸為緣所生諸受而生貪愛所以者何以意
界乃至意觸為緣所生諸受非可貪愛何以
故以一切法自性空故善男子汝勿於地界而
生貪愛亦勿於水火風空識界而生貪愛
所以者何以地水火風空識界非可貪愛何
以故以一切法自性空故善男子汝勿於

生貪愛亦勿於水火風空識界而生貪愛
所以者何以地水火風空識界非可貪愛何
以故以一切法自性空故善男子汝勿於無
明而生貪愛亦勿於行識名色六處觸受愛
取有生老死愁歎苦憂惱而生貪愛所以者
何以無明乃至老死愁歎苦憂惱非可貪愛
何以故以一切法自性空故
善男子汝勿於布施波羅蜜多而生貪愛亦
勿於淨戒安忍精進靜慮般若波羅蜜多而
生貪愛所以者何以布施乃至般若波羅蜜
多非可貪愛何以故以一切法自性空故善
男子汝勿於內空而生貪愛亦勿於外空內
外空空空大空勝義空有為空無為空畢竟
空無際空散空無變異空本性空自相空共
相空一切法空不可得空無性空自性空無

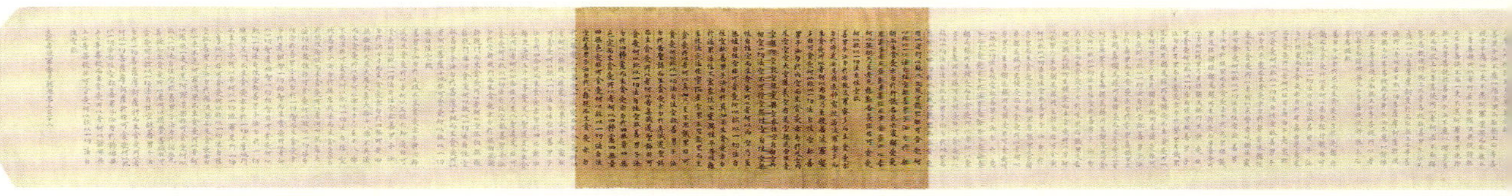

性自性空而生貪愛所以者何以內空乃至
無性自性空非可貪愛何以故以一切法自
性空故善男子汝勿於真如而生貪愛亦勿
於法界法性不虛妄性不變異性平等性離
生性法定法住實際虛空界不思議界而生
貪愛所以者何以真如乃至不思議界非可
貪愛何以故以一切法自性空故善男子汝
勿於苦聖諦而生貪愛亦勿於集滅道聖諦
而生貪愛所以者何以苦集滅道聖諦非可
貪愛何以故以一切法自性空故善男子汝
勿於四靜慮而生貪愛亦勿於四無量四無
色定而生貪愛所以者何以四靜慮四無量
四無色定非可貪愛何以故以一切法自性
空故善男子汝勿於八解脫而生貪愛亦勿

四無色定非可貪愛何以故以一切法自性
空故善男子汝勿於八解脫而生貪愛亦勿
於八勝處九次第定十遍處而生貪愛所以
者何以八解脫八勝處九次第定十遍處非
可貪愛何以故以一切法自性空故善男子
汝勿於四念住而生貪愛亦勿於四正斷四
神足五根五力七等覺支八聖道支而生貪
愛所以者何以四念住乃至八聖道支非可
貪愛何以故以一切法自性空故善男子汝
勿於空解脫門而生貪愛亦勿於無相無願
解脫門而生貪愛所以者何以空無相無願
解脫門非可貪愛何以故以一切法自性空
故善男子汝勿於菩薩十地而生貪愛所以
者何以菩薩十地非可貪愛何以故以一切
法自性空故

善男子汝勿於五眼而生貪愛亦勿於六神
通而生貪愛所以者何以五眼六神通非可
貪愛何以故以一切法自性空故善男子汝
勿於佛十力而生貪愛亦勿於四無所畏四
無礙解大慈大悲大喜大捨十八佛不共法
而生貪愛所以者何以佛十力乃至十八佛
不共法非可貪愛何以故以一切法自性空
故善男子汝勿於無忘失法而生貪愛亦勿
於恒住捨性而生貪愛所以者何以無忘失
法恒住捨性非可貪愛何以故以一切法自
性空故善男子汝勿於一切智而生貪愛亦
勿於道相智一切相智而生貪愛所以者何
以一切智道相智一切相智非可貪愛何以
故以一切法自性空故善男子汝勿於一切

BD00015　大般若波羅蜜多經卷三一三

以一切智道相智一切相智非可貪愛何以
故以一切法自性空故善男子汝勿於一切
陁羅尼門而生貪愛亦勿於一切三摩地門
而生貪愛所以者何以一切陁羅尼門一切
三摩地門非可貪愛何以故以一切法自性
空故善男子汝勿於預流果而生貪愛亦勿
於一來不還阿羅漢果而生貪愛所以者何
以預流一來不還阿羅漢果非可貪愛何以
故以一切法自性空故善男子汝勿於獨覺
菩提而生貪愛所以者何以獨覺菩提非可
貪愛何以故以一切法自性空故善男子汝
勿於一切菩薩摩訶薩行而生貪愛所以者
何以一切菩薩摩訶薩行非可貪愛何以故
以一切法自性空故善男子汝勿於諸佛無
上正等菩提而生貪愛所以者何以諸佛無

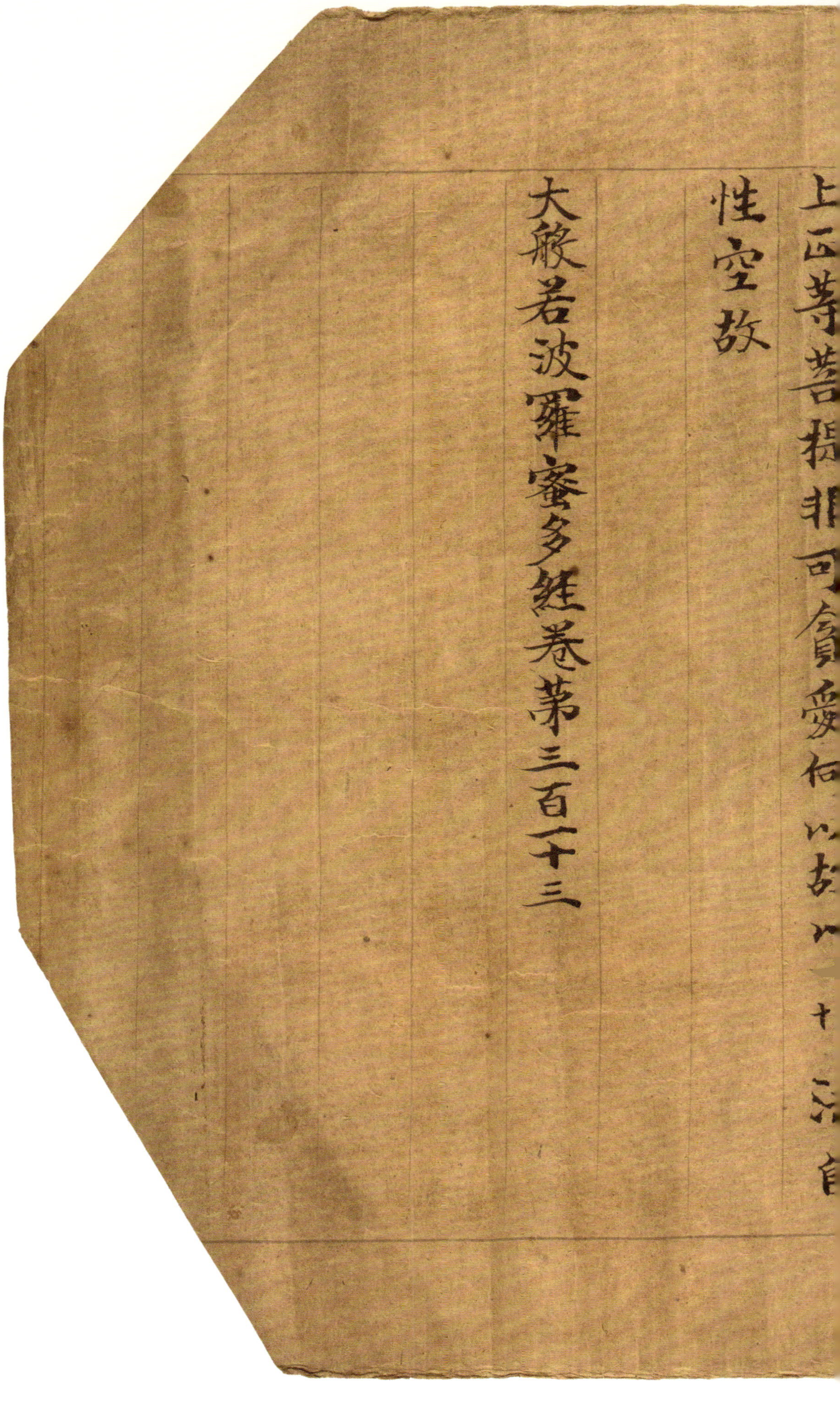
性空故

大般若波羅蜜多經卷第三百一十三

BD00015　大般若波羅蜜多經卷三一三

BD00016 藥師琉璃光如來本願功德經

（唐）玄奘 譯

202cm × 27.4cm

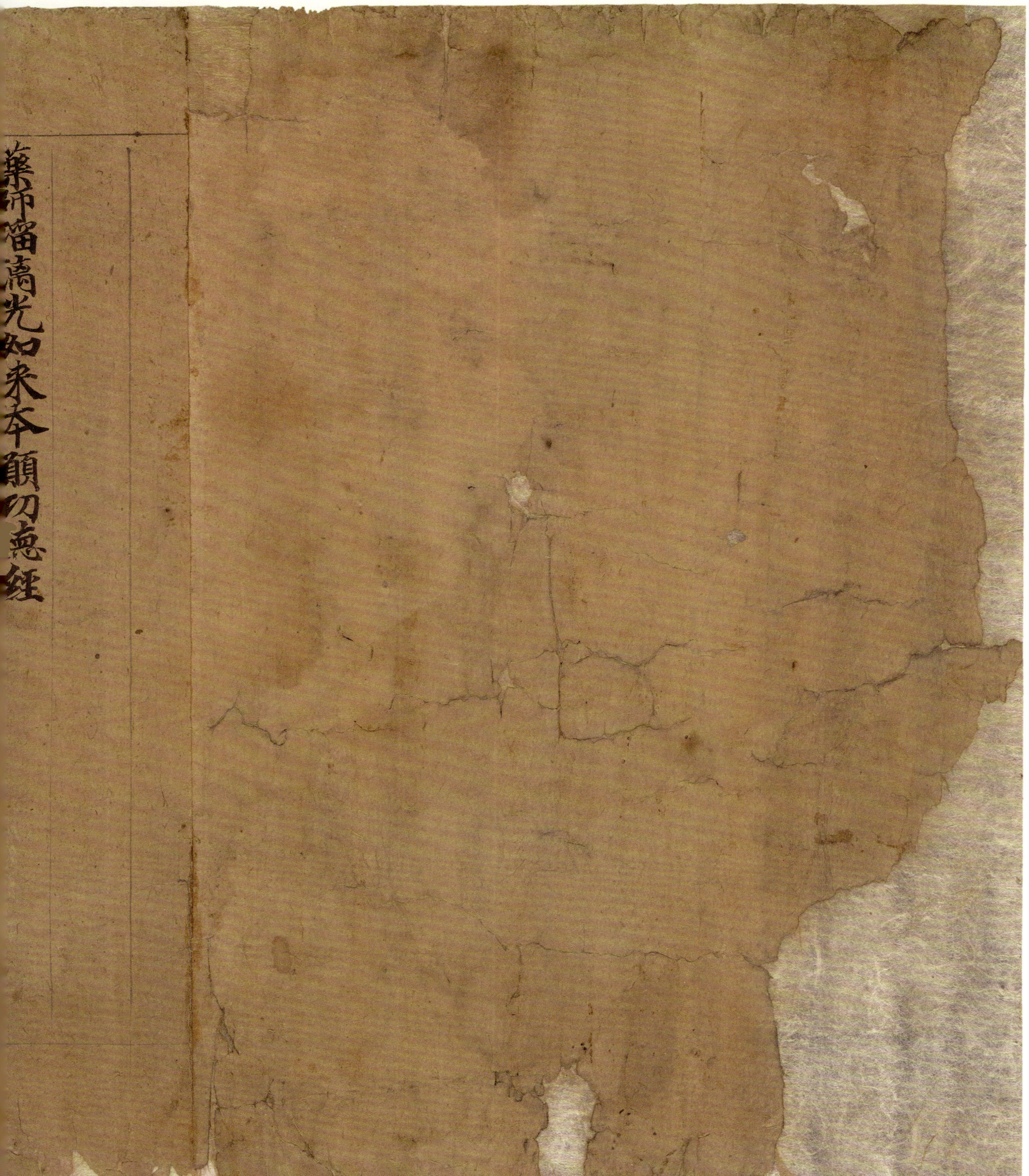

藥師瑠璃光如来本願功德經

如是我聞一時薄伽梵遊化諸國至廣嚴城
住樂音樹下與大苾芻衆八千人俱菩薩摩
訶薩三萬六千及國王大臣婆羅門居士天
龍藥叉人非人等无量大衆恭敬圍遶而為
說法
尒時曼殊室利法王子承佛威神從座而起
偏袒一肩右膝著地向薄伽梵曲躬合掌白
言世尊唯願演說如是相類諸佛名号及本
大願殊勝功德令諸聞者業鄣銷除為欲
利樂像法轉時諸有情故
尒時世尊讚曼殊室利童子言善哉善哉曼
殊室利汝以大悲勸請我說諸佛名号本願
功德為拔業鄣所纏有情利益安樂像法
轉時諸有情故汝今諦聽極善思惟當為
汝說曼殊室利言唯然願說我等樂聞

轉時諸有情故汝今諦聽極善思惟當為
汝說曼殊室利言唯然願說我等樂聞
佛告曼殊室利東方去此過十殑伽沙等佛
土有世界名淨瑠璃佛号藥師瑠璃光如來
應正等覺明行圓滿善逝世間解无上丈夫
調御士天人師佛薄伽梵曼殊室利彼世尊
藥師瑠璃光如來行菩薩道時發十二大願
令諸有情所求皆得
第一大願願我來世得阿耨多羅三藐三
菩提時自身光明熾然照曜无量无數无
邊世界以三十二大丈夫相八十隨形好莊嚴
其身令一切有情如我无異
第二大願願我來世得菩提時身如瑠璃內
外明徹淨无瑕穢光明廣大功德巍巍身

善安住焰網莊嚴過於日月幽冥衆生悉
蒙開曉隨意所趣作諸事業
第三大願願我來世得菩提時以无量无
邊智慧方便令諸有情皆得无盡所受用
物莫令衆生有所乏少
第四大願願我來世得菩提時若諸有情
行邪道者悉令安住菩提道中若行聲聞
獨覺乘者皆以大乘而安立之
第五大願願我來世得菩提時若有无量无
邊有情於我法中脩行梵行一切皆令得不
缺戒具三聚戒設有毀犯聞我名已還得清
淨不墮惡趣
第六大願願我來世得菩提時若諸有情
其身下劣諸根不具醜陋頑愚盲聾瘖瘂攣
躄背僂白癩癲狂種種病苦聞我名已一切

其身下劣諸根不具醜陋頑愚盲聾瘂攣
躄背僂白癩癲狂種種病苦聞我名已一切
皆得端政黠慧諸根完具无諸病苦
苐七大願願我來世得菩提時若諸有情
衆病逼切无救无歸无醫无藥无親无家貧
窮多苦我之名号一經其耳衆病悉除身心
安樂家属資具悉皆豐足乃至證得无上
菩提
苐八大願願我來世得菩提時若有女人為
女百惡之所逼惱極生猒離願捨女身聞
我名已一切皆得轉女成男具丈夫相乃至
證得无上菩提
苐九大願願我來世得菩提時令諸有情
出魔羂網解脫一切外道纏縛若墮種種惡
見稠林皆當引攝置於正見漸令脩習諸菩

薩行速證无上正等菩提

第十大願願我來世得菩提時若諸有情
王法所繩縛錄鞭撻繫閉牢獄或當刑戮及
餘无量災難陵辱悲愁煎迫身心受苦若
聞我名以我福德威神力故皆得解脫一切憂
苦

第十一大願願我來世得菩提時若諸有情
飢渴所惱為求食故造諸惡業得聞我名專
念受持我當先以上妙飲食飽足其身後以
法味畢竟安樂而建立之

第十二大願願我來世得菩提時若諸有情
貧无衣服蚊虻寒熱晝夜逼惱若聞我名專
念受持如其所好即得種種上妙衣服亦得
一切寶莊嚴具華鬘塗香鼓樂衆伎隨心
所翫皆令滿足

所説皆令滿足
曼殊室利是為彼世尊藥師瑠璃光如来應
正等覺行菩薩道時所發十二微妙上願
復次曼殊室利彼世尊藥師瑠璃光如来
行菩薩道時所發大願及彼佛土功德莊嚴
我若一劫若一劫餘説不能盡然彼佛土一
向清淨无有女人亦无惡趣及苦音聲瑠璃為
地金繩界道城闕宮閣軒窻羅網皆七寶
成亦如西方極樂世界功德莊嚴等无差別於
其國中有二菩薩摩訶薩一名日光遍照二
名月光遍照是彼无量无數菩薩衆之上首
悉能持彼世尊藥師瑠璃光如来正法寶藏
是故曼殊室利諸有信心善男子善女人等
應當願生彼佛世界
尒時世尊復告曼殊室利童子言曼殊室利

有諸衆生不識善惡唯懷貪悋不知布施及
施果報愚癡无智闕於信根多聚財寶勤
加守護見乞者來其心不喜設不獲已而行
施時如割身宍深生痛惜復有无量慳貪有
情積集資財於其自身尚不受用何況能與
父母妻子奴婢作使及來乞者彼諸有情從此
命終生餓鬼界或傍生趣由昔人間曾得蹔
聞藥師瑠璃光如來名故今在惡趣蹔得憶
念彼如來名即於念時從彼處沒還生人中
得宿命念畏惡趣苦不樂欲樂好行惠施讚
歎施者一切所有悉无貪惜漸次尚能以頭
目手足血肉身分施來求者况餘財物
復次曼殊室利若諸有情雖於如來受諸
學處而破尸羅有雖不破尸羅而破軌則有
於尸羅軌則雖得不壞然毀正見有雖不毀

於尸羅軌則雖得不壞然毀正見有雖不毀
正見而棄多聞於佛所說契經深義不能解
了有雖多聞而增上慢由增上慢覆蔽心故
自是非他嫌謗正法為魔伴黨如是愚人自
行邪見復令无量俱胝有情墮大險坑此諸
有情應於地獄傍生鬼趣流轉无窮若得聞
此藥師瑠璃光如来名号便捨惡行脩諸善
法不墮惡趣設有不能捨諸惡行脩行善法墮
惡趣者以彼如来本願威力令其現前暫聞
名号從彼命終還生人趣得正見精進善調

BD00017 大道通玄要卷七

BD00017v 雜齋儀（擬）

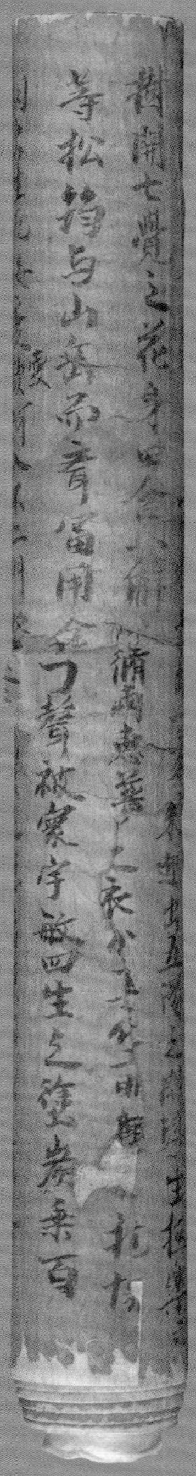

181.5cm×24.4cm

身之
十五日中元拔獄
試之日此一年三
岳靈山三界神官及
无極无滌无遠无大
詣三天玄都三元宮
未得道見在福中及
宿根薄錄功過輕重列言上
人尊十方大聖衆卅二天帝
神王高上玉虛至真大神无極大道太
上老君諸君丈人五老帝君南極北極東西
二華九靈真母南上君太和玉女同時俱
到三元宮中衆聖既諸天飛仙神仙真人
玉女長生司命司錄
役南十七十者天曰

三元左右中宮三官九府百廿曹陰陽左右
水大風力考官各笇計天上天下生死簿録
更相校譜有善功者上名青簿罪重者上名
黑簿各以一通列言三官功過善悪豪分無
失是其日則地祇右别營衛門户行之八年
皆得三官保舉度名青簿之中剋得上仙道
不失其分也

上真禪号高下尊卑功過儀典

上真衆聖朝礼旋行功過儀典

上真大聖遊晏從駕功過儀典

上真揔校生死啚録功過

上真揔領生死命籍笇録功過

上真揔領生死功德輕重功過

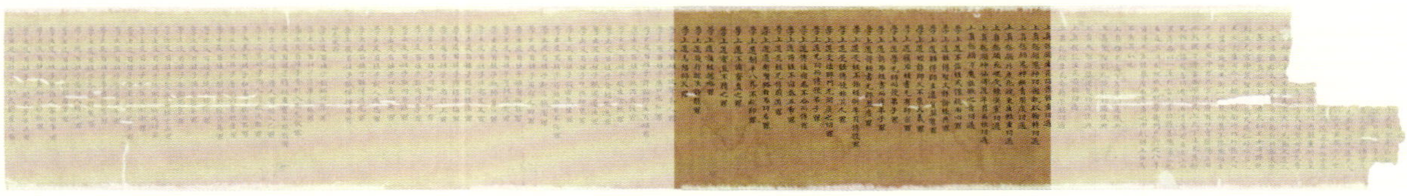

上真捴領生死功德輕重功過
上真捴領鬼神功德執叙輪轉功過
上真捴領鬼神幽責開度功過
上真捴領外度死魂更生輕重功過
上真捴領死魂受練安靈功過
上真捴領神仙得道年月品秩功過
上真捴領万魔謡歌之音功過
學上道不信經式懷疑兩心罪
學上道輕慢聖文評論經典罪
學上道輕慢師主違背盟誓罪
學上道毀謗師父不崇大義罪
學上道竊取經書无有師宗罪
學上道學无師而授弟子罪
學上道誘取經書而傳弟子罪
學上道導經書无師盟受罪

學上道受經不依經私竊所傳授罪
學上道受經傳授非其人罪
學上道受法師門无開度之功罪
學上道无功而傳授弟子罪
學上道傳法宿奏不合而傳罪
學上道傳經不宿奏五帝罪
學上道受經无信賤道罪
學上道遏斷賢路自取功名罪
學上道朝半八節不礼師罪
學上道不脩齋直之罪
學上道齋直不精之罪
學上道誦經越略罪
學上道旋行越次諍競罪
學上道恚怒師父罪
[illegible]

學上道恚怒師父罪
學士及百姓子攻擊善人罪
學士及百姓子惡口赤舌罪
學士及百姓子評論師主百姓罪
學士及百姓子飲酒失性罪
學士及百姓子殺生陰賊罪
學士及百姓子貪慾鴆逸罪
學士及百姓子穢濁道法罪
學士及百姓子呪咀神鬼罪
學士及百姓子殺害衆生罪
學士及百姓子謗詻兩舌不信罪
學士及百姓子姧婬穢濁罪
學士及百姓子盜竊人物罪
學士及百姓子嫉賢妬能罪
學士及百姓子背師叛主罪

學士及百姓子其[illegible][illegible]罪

學士及百姓子泄露天文罪

學士及百姓子毀謗經法罪

學士及百姓子脩經中悔罪

學士及百姓子不忠於上罪

學士及百姓子因略於下罪

學士及百姓子欺罔同學罪

學士及百姓子欺罔百姓罪

學士及百姓子口善心惡罪

學士及百姓子說人過惡罪

學士及百姓子輕慢三元罪

學士及百姓子穢慢神鬼罪

中元貳品

學士及百姓子嫉妬同學罪

學士及百姓子[illegible][illegible][illegible][illegible]罪

學士及百姓子婬妷同學罪
學士及百姓子浮華妄語罪
學士及百姓子貪利入己无猒罪
學士及百姓子積祿重寶不施散罪
學士及百姓子樂人寶物入己罪
學士及百姓子顧人傷敗流散罪
學士及百姓子私畜刀杖兵器罪
學士及百姓子屠割六畜殺生罪
學士及百姓子射剌野獸飛鳥罪
學士及百姓子燒山捕獵罪
學士及百姓子捕魚張筌罪
學士及百姓子金銀器食罪
學士及百姓子貪樂榮祿害正罪
學士及百姓子燒敗貝物成功罪
學士及百姓子[illegible]真[illegible]大中罪

學士及百姓子貪淫滋味肥熏罪
學士及百姓子貪食五辛罪
學士及百姓子草書僞意罪
學士及百姓子合聚群衆罪
學士及百姓子圖謀人婦女罪
學士及百姓子心謀國事罪
學士及百姓子圖謀人家物事罪
學士及百姓子廉物易好物罪
學士及百姓子交關天子侯王罪
學士及百姓子干知天時星宿罪

十方種覺者道…
煩惱巨拆之善緣五…
…无量業　一切種…
樹開七覺之花身田含大解…
等松藉与山齊而青留用金…
綱出生死海度愛欲河入不二門登…
覺安天護龍護　僧
明了惠日詞峯說讚則攝領…
深知常樂妙解甚空恒持…惠於心
才高世表弁若飛泉翠出一乘…
暉三葉冰清七夜恒清　閑循南惠…
信
僧尼患差　推顯法師位童年刁髯被衆宇敵四生之塗房乘百
甚之業湮群生既宜斯痛念…凡崖之勝福陳物我之利安
推尉武宗惠增慈悲喜滿為…之道首作三有之津良
七禪師　推尉永離三塗長歸…觀慈尊而窮大性早玫法以悟无
生共圓實相之因等會真如之…和上　禪刁洗心虛空生白賊珠讙云
忍草防非　推尉觀音引道…勢至來迎出五濁之剎淨生極樂云

忍草防非　惟願觀音引道，勢至來迎，出五濁之閻浮，生極樂之
國。飢飡法喜，渴飲禪漿，體掛無染之衣，心遊解脫之境
又等俱无災障，大小各保長年，常无病累之痾，永安輕之泰
矣　法師慈門法主，福地高僧，持波若之真文，受如來之付囑，懷仁慈於
救蟻之歲，伏道德登龍之晨，搖玉柄於談藂，則鷲林潤色，吐瓊
花於辯囿，則鹿野生光，瞻去法以增悲，顧類涅而結歎
到大海之法流，洗塵勞而不竭，傳智燈之長焰，皎幽闇而恒明
矧惟奇並釋門之識，注法苑英雄，搖域得於祇園，建鴻名於鹿野，為
四生導首，作六趣之津良　惟願道心堅固，引群迷而悟真智，若江
河接有緣而封達，碱珠在髻，寶珠無數，繫草纏身，寸莫捨
兮　至極法身，湛常靈覺，大乘法藥，方等圓珠，十住明心，四依高士，拔罪
良逝救苦蠡王　之傳　戒珠流彩，与朝露而無追，惠炬潛
輝，共風燭而同注　律師文　惟律師應生五濁，迹遊四依，行
目澄明，戒珠圓淨，至於四分十誦，猶涉海而護浮囊，七聚五篇，木
救舊頭之猛炎，豈謂業風飄颻，掩塵迹以冥真，愛水中銷灾，證灰
身以永滅。於是徑行路側，無復振錫之音；澡灶滂池，永絕乘盂之影
禪師文　惟禪師性抱恬虛，泰懷恢泊，育四攝之定，怡神五度
之門，慈愛因人，弘至佛靈羅而高，自禪支葳蕤，師覺益業，作功德

禪師之
惟禪師性抱括虛志懷淡泊育四禪定之定始神五度
之門超愛網以孤遊拂塵羅而高蹈禪枝膀茂師覺蓋業於功德
之林定沿含芳敷淨花於解脫之水繫情獲於意樹羈識馬於身
田鍛念則器伏神龍息慮則頂巢仙鶴飼禪悅之食口啜香資
被慚愧之衣刑指繞眠融是非於一觀泯生滅而兩亡齊品物之津梁
寔含靈之稱首豈謂凝襟滕烯入三昧以皈遊想輕安乘六通而莫
返於是欲栖樹下空留宴之蹤寂負里巷中无復頭陀之影
歎僧號
夫象清淨界大悲所流薩波若海恒沙言教並乃
諸仙之師菩薩之母能生報應談顯法身如意之寶无窮譬優曇
之罕遇昔聖者投身火為慕求一言削骨剝皮至存書寫抵使
无明炬庭揚惠日常暉生死界河乳法船而不絶
藥王藥上慈潤香風觀音妙音澤垂甘露身病心病惠力消除
今殊宿殊都慈光而霧卷七支清顏更嚴七覺之花八節佳宜
遂凝八定水三灾不染九橫无侵云云　諸仙灑甘露菩提醍醐式
定惠增慈悲喜滿　諸大德等慈悲廣運定惠增於汲引之
道時臻化濟之心歲廣如十指在世永作舟航若千聖下生恒存
津祇　如來慈造不捨蒼生善逝垂慈降臨斯會
矜冥永慈廣祐賴及無崖法炬闇而更輝智日利而還[illegible]

珍莫柔慈廣祐賴及無崖法炬闇而更輝皆利而還[illegible]
朗悟菩提者接踵階聖果者肩隨
惟靈行着人師德為郡寶任持嚴峻利樂居懷恬怕和志温
而克才之清也州縣欽之德也學也淄黄亲識夷及　茲尊莫
盛年少後咸慕其德並高其風僉曰作城隍之塩丹為福
之尊者　理應永安覺苑敷七覺而擇言恒蔭禪林坐
四而問道　居　超彼五淨遊諸十方蔭寶以重安禪
坐花臺而合道捨彼有漏取我无生當來從女主遊芸人龍花
之會　摩居心珠救拯三界困窮之苦甘露法藥治衆
毒箭之疾慈備其心善美仙惠　惟那福惠雲聚觀照天通果四
而前驅達一乘之広路龍花之會早得昇返庶慈之前彥度群品
粹　精進持淨戒由如護明珠　能持是法華一心不解怠優鉢花之香
常從其口出頭面接足礼生心如仙相者則某闍梨之謂也
內秘菩行外現是聲聞謙下諸比丘遠離自高心者則某上座之謂
能以千方種善巧之語言分別而說法如妙光法師者則某寺主也
常柔和忍不輕蔑於人心安樂行无量衆所敬者則某都師之也
宿植德本衆人愛敬以慈備身善入仙惠者則某公之也

宿植德本衆人愛敬以慈修身善入佛慧者則某公之史
善知一切諸法之門質直無偽志念常堅固則　某公也
住於調柔地設於上供養珍饌飲食百種湯藥施佛及僧者今
日齋主某公也　　世世无有患又无可惡相顏容而平政面目悲端嚴
為人所喜見願以此功德普及於一切我　　某公等　常無憂惱
又无怖畏顏色鮮白衆樂見　　如是種種事皆悉德成就於
是諸佛前寶幢幡勝幡寶家妙香爐燒无價之香亦以千万種歌
詠諸如來盡持以供養昔所未曾有无量百千万功德不可數並
用莊嚴尹无天寶　　壽命十二劫常護一乘道百由旬內无諸衰患　唯願
另　諸佛出現化感而往來於三生總善權而濟物或生沒彼應如
朗月之現影盈圖性常存或沉而無出似明珠而清濁水如闇
室之明　　伏禪師即妄出真?刑去體
律　三衆證明震鳴名於尊藥七枝芽馥盛德於鳴珠
法　乘華演教法得開宗方便之門啟自然之路入莊嚴宅四淨俱循其
解脫床五乘並演　　其僧徒濟濟衆法侶喋喋說了辛煩惱之業
愛河登般之彼岸　尼　理應長流惠潤水堅津梁龍女
之得云云　又亦風丞瓔珞思賜明珠乘厚德而權觀相參而積慕

之得之　又於風丞瓔珞畢賜明珠荼厚德而推魂相崇而精慕

布薩文　恭聞菩薩戒者、乃是入道之梯隥、出世之舟船、大
士之洪基、菩薩云若之正路、照明覺道、譬乎日月、莊嚴法身、
喻之瓔珞、受持頂戴、逆竭生死之河、依教奉行、便顯
如來之藏、自從佛日西沒、像法（此方）東流、大聞末丈、奉行持誦者、
今則有、釋都教授和尚、為派沙之導首、盛弘斯典、戒和尚、
亦從今身、洎乎法體、半月半月、說戒宣傳於、是齋侍二衆之
新學、對三世之聖賢、誦六八之防非、淨三業之塵累、是時也
青鸞入座、白雲滿空、飛芊芊以謝芳、草棲棲落芳將暮
戒師宣心地之法、維那行解脫之籌、哉即今之光揚結當
來之勝果、總斯多善、先用奉資梵天八部、護世四王、威光救
人、護國贊善、壓花無窮、持擁恒居、祿位教授和尚、福比何
山、隨喜見聞、俱登妙果、大衆虔誠、誦一切誦

律師　推師律風神肅穆、儀守深沉、陶五部於襟靈、履三
千於動靜、閑居僧業、理復高名、長樂道房、義重之請無言

乎於動靜閑居修業理漫高名長樂道旁義動請無

社齋文

頂礼仏足哀世尊於无量劫賀衆苦煩惱已盡習
亦除梵釋龍神咸恭敬是知諸仏功德无量（无邊）恒沙劫中讚揚
難盡然今即席坐前齋主合邑人等妙因宿殖善牙發
於今生業果先淳道心堅於昔日知四大而无主識五蘊之空
空遂乃共結良緣同崇邑義故能年三不闕月六无虧
建豎壇那率備法會於是播華布地梵響陵天爐燒
六銖餐資百味以食施三尊滅三毒去三災崇百味供十方價
十纏而資十力以此功德廣大善緣奉用莊嚴合邑人（寺）惟願灾
殃殄滅是福咸天仙降靈神祇扶助菩提種熟佛日已開牙煩
惱稠林惠風飄而葉落然持此用莊嚴齋主合門居眷遠近親
因大小休宜咸家吉慶然後上通三界傍亘十方並出邪途咸
登覺道

歎齋文

（蓋）竊聞大覺能仁處六塵而不著吉祥調御越三界以居尊濟五
趣而登圓明截四流而超彼岸不生不滅无去无來神力難思名
言不閑者矣然今坐前齋主妙因多劫殖果生今雖處愛河

言不關者矣然今生前齋主妙因多劫殖果生生今雖處憂河
常遊法海知身如幻非電堅故能翹賢良因同崇福會傾心寶
剎念僧祇國延請聖凡虔誠供養良於是播花匝地梵響陵天
爐焚六銖徐食資百味以斯功德奉大善緣先用莊嚴齋主惟
願三千界沫法水以蕩消八萬塵勞拂慈光而永散功德寶
聚念念滋繁福智善萌運運增長官班日進封祿遷喝大小
休宜尊卑納慶男則芳蘭桂桂文則曜珠暉俱延鶴問之休共
襲龍光之慶合門俱善同蔭福雲內外親因各霑慈潤然
上窮有頂傍括十方並沐良緣咸登覺路

放子出家願文

蓋聞踰城捨俗專求仙道之方棄馬
辭宮願出群生之類故知在家自迷等牢獄之重閉法衣
逍遙喻虛空之自在賢子志求勝法屬意大乘了火宅
之無恒知万像而非有情然離俗重積法門歸向如來求於
聖道於是慕僧徒而剪髮應法儀以裁衣振他化於天宮佛魔
王於寢殿由像王之迴顧見師子之威儀慕於道樹以知歸向菩
羅而一盡翻念賢子上求仙果下度群生越煩惱之憂河取
菩提彼岸屆今賢子獲福無量並設齋境香念誦種種

菩提彼岸當令賢子獲福如是遂設齋燒香念誦種々
功德資益度子出家檀越優婆夷等從今向去三寶覆
護衆善莊嚴災障消除功德圓滿然後十方三界六趣
四生並出邪途咸登覺道

BD00018 維摩詰所説經卷中

（後秦）鳩摩羅什 譯

403.5cm × 26cm

女身色相今何所在舍利弗言女身色相无
在无不在天曰一切諸法亦復如是无在无不
在夫无在无不在者佛所說也舍利弗問
天汝於此沒當生何所天曰佛化所生吾如
彼生曰佛化所生非沒生也天曰衆生猶然
无沒生也舍利弗問天汝久如當得阿耨多羅
三藐三菩提天曰如舍利弗還爲凡夫我乃
當成阿耨多羅三藐三菩提舍利弗言我
作凡夫无有是處天曰我得阿耨多羅三
藐三菩提亦无是處所以者何菩提无住處
是故无有得者舍利弗言今諸佛得阿耨多
羅三藐三菩提已得當得如恒河沙皆
謂何乎天曰皆以世俗文字數故說有三世
非謂菩提有去來今天曰舍利弗汝得阿羅

漢道耶曰无所得故而得天曰諸佛菩薩亦
復如是无所得故而得尒時維摩詰語舍利
弗是天女曾已供養九十二億佛已能遊戲
菩薩神通所願具足得无生忍住不退轉以
本願故隨意能現教化衆生

維摩詰經佛道品苐八

尒時文殊師利問維摩詰言菩薩云何通達
佛道維摩詰言若菩薩行於非道是為通
達佛道又問云何菩薩行於非道答曰若菩
薩行五无間而无惱恚至于地獄无諸罪垢至
于畜生无有无明憍慢等過至于餓鬼而具
足功德行色无色界道不以為勝示行貪欲
離諸染著示行瞋恚於諸衆生无有恚㝵示
行愚癡而以智慧調伏其心示行慳貪而捨

行愚癡而以智慧調伏其心示行慳貪而捨
內外所有不惜身命示行毀禁而安住淨戒
乃至小罪猶懷大懼示行瞋恚而常慈忍
示行懈怠而懃修功德示行亂意而常念定
示行愚癡而通達世間出世間慧示行諂偽而
善方便隨諸經義示行憍慢而於眾生猶如橋
梁示行諸煩惱而心常清淨示入於魔而順佛
智慧不隨他教示入聲聞而為眾生說未聞
法示入辟支佛而成就大悲教化眾生示入貧
窮而有寶手功德無盡示入形殘而具諸相
好以自莊嚴示入下賤而生佛種姓中具諸
功德示入羸劣醜陋而得那羅延身一切眾
生之所樂見示入老病死而永斷病根超越
死畏示有資生而恒觀無常實無所貪示有

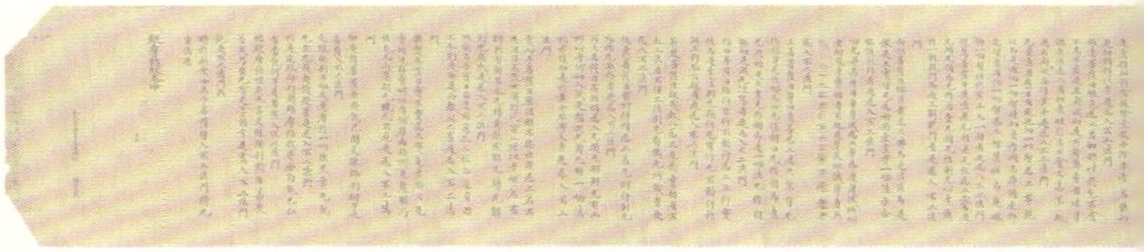

妾婇女而常遠離五欲淤泥現於訥鈍而
成就辯才揔持无失示入邪濟而以正濟度諸
衆生現遍入諸道而斷其因緣現於涅槃而
不斷生死文殊師利菩薩能如是行於非道是
爲通達佛道
於是維摩詰問文殊師利何等爲如來種文
殊師利言有身爲種无明有愛爲種貪恚癡
爲種四顛倒爲種五蓋爲種六入爲種七識處
爲種八邪法爲種九惱處爲種十不善道爲
種以要言之六十二見及一切煩惱皆是佛
種曰何謂也荅曰若見无爲入正位者不能
復發阿耨多羅三藐三菩提心譬如高原陸
地不生蓮華卑濕淤泥乃生此華如是見无
爲法入正位者終不復能生於佛法煩惱泥中

爲法入正位者終不復能生於佛法煩惱泥中
乃有衆生起佛法耳又如殖種於空終不
得生糞壤之地乃能滋茂如是入无爲正位
者不生佛法起我見如須弥山猶能發于
阿耨多羅三藐三菩提心生佛法矣是故當
知一切煩惱爲如來種譬如不入巨海不能
得无價寶珠如是不入煩惱大海則不能得
一切智寶之心尒時大迦葉歎言善哉善哉
文殊師利快說此語誠如所言塵勞之疇爲
如來種我等今者不復堪任發阿耨多羅三
藐三菩提心乃至五无閒罪猶能發意生於
佛法而今我等永不能發譬如根敗之士其於
五欲不能復利如是聲聞諸結斷者於佛法
中无所復益永不志願是故文殊師利凡夫於

佛法有反復而聲聞无也所以者何凡夫聞
佛法能起无上道心不斷三寶正使聲聞終
身聞佛法力无畏等永不能發无上道意
尒時會中有菩薩名普現色身問維摩詰
言居士父母妻子親戚眷屬吏民知識悉為是
誰奴婢僮僕象馬車乘皆何所在於是維摩
詰以偈答曰
智度菩薩母　方便以為父　一切眾導師　无不由是生
法喜以為妻　慈悲心為女　善心誠實男　畢竟空寂舍
弟子眾塵勞　隨意之所轉　道品善知識　由是成正覺
諸度法等侶　四攝為伎女　歌詠誦法言　以此為音樂
捴持之園苑　无漏法林樹　覺意淨妙華　解脫智慧菓
八解之浴池　定水湛然滿　布以七淨華　浴此无垢人
象馬五通馳　大乘以為車　調御以一心　遊於八正路
相具以嚴容　眾好飾其姿　慚愧之上服　深心為華鬘

象馬五通馳　大乘以為車　調御以一心　遊於八正路
相具以嚴容　衆好飾其姿　慚愧之上服　深心為華鬘
富有七財寶　教授以滋息　如所說脩行　迴向為大利
四禪為牀座　從於淨命生　多聞增智慧　以為自覺音
甘露法之食　解脫味為漿　淨心以澡浴　戒品為塗香
摧滅煩惱賊　勇健无能踰　降伏四種魔　勝幡建道場
雖知无起滅　示彼故有生　悉現諸國土　如日无不見
供養於十方　无量億如來　諸佛及己身　无有分別想
雖知諸佛國　及與衆生空　而常脩淨土　教化於群生
諸有衆生類　形聲及威儀　无畏力菩薩　一時能盡現
覺知衆魔事　而示隨其行　以善方便智　隨意皆能現
或示老病死　成就諸群生　了知如幻化　通達无有㝵
或現劫盡燒　天地皆洞然　衆人有常想　照令知无常
无數億衆生　俱來請菩薩　一時到其舍　化令向佛道

經書禁呪術　工巧諸伎藝　盡現行此事　饒益諸群生
世間衆道法　悉於中出家　因以解人惑　而不墮邪見
或作日月天　梵王世界主　或時作地水　或復作風火
劫中有疾疫　現作諸藥草　若有服之者　除病消衆毒
劫中有飢饉　現身作飲食　先救彼飢渴　却以法語人
劫中有刀兵　爲之起慈悲　化彼諸衆生　令住无諍地
若有大戰陣　立之以等力　菩薩現威勢　降伏使和安
一切國土中　諸有地獄處　輒往到于彼　免濟其苦惱
一切國土中　畜生相食噉　皆現生於彼　爲之作利益
示受於五欲　亦復現行禪　令魔心憒亂　不能得其便
火中生蓮華　是可謂希有　在欲而行禪　希有亦如是
或現作婬女　引諸好色者　先以欲鈎牽　後令入佛智
或爲邑中主　或作商人導　國師及大臣　以祐利衆生
諸有貧窮者　現作无盡藏　因以勸導之　令發菩提心

諸有貧窮者 現作无盡藏 因以勸導之 令發菩提心
我心憍慢者 爲現大力士 消伏諸貢高 令住佛上道
其有恐懼衆 居前而安慰 先施以无畏 後令發道心
或現離婬欲 爲五通仙人 開道諸群生 令住戒忍慈
見須供事者 現爲作僮僕 既悅可其意 乃發以道心
隨彼之所須 得入於佛道 以善方便力 皆能給足之
如是道无量 所行无有崖 智慧无邊際 度脫无數衆
假令一切佛 於无數億劫 讚歎其功德 猶尚不能盡
誰聞如是法 不發菩提心 除彼不肖人 癡冥无智者

維摩詰經入不二法門品第九

尒時維摩詰謂衆菩薩言諸仁者云何菩薩
入不二法門各隨所樂說之會中有菩薩名法
自在說言諸仁者生滅爲二法本不生今則
无滅得此无生法忍者是爲入不二法門

德守菩薩曰我我所為二因有我故便有我
所若无有我則无我所是為入不二法門
不眴菩薩曰受不受為二若法不受則不可
得以不可得故无取无捨无作无行是為入
不二法門
德頂菩薩曰垢淨為二見垢實性則无淨相
順於滅相是為入不二法門
善宿菩薩曰是動是念為二无動則无念无
念即无分別通達此者是為入不二法門
善眼菩薩曰一相无相為二若知一相即是无
相亦不取无相入於平等是為入不二法門
妙臂菩薩曰菩薩心聲聞心為二觀心相空
如幻化者无菩薩心无聲聞心是為入不二
法門
弗沙菩薩曰善不善為二若不起善不善入

BD00018 維摩詰所説經卷中

法門
弗沙菩薩曰善不善為二若不起善不善入
无相際而通達者是為入不二法門
師子菩薩曰罪福為二若達罪性則與福无
異以金剛慧決了此相无縛无解者是為入
不二法門
師子意菩薩曰有漏无漏為二若得諸法等
則不起漏不漏想不著於相亦不住无相是
為入不二法門
淨解菩薩曰有為无為為二若離一切數則
心如虛空以清淨慧无所㝵者是為入不二法
門
那羅延菩薩曰世間出世間為二世間性空
即是出世間於其中不入不出不溢不散是

爲入不二法門
善意菩薩曰生死涅槃爲二若見生死性則
无生死无縛无解不然不滅如是解者是爲
入不二法門
現見菩薩曰盡不盡爲二法若究竟盡若不
盡皆是无盡相无盡相即是空空則无有盡
不盡相如是入者是爲入不二法門
普守菩薩曰我无我爲二我尚不可得非我
何可得見我實性者不復起二是爲入不二
法門
電天菩薩曰明无明爲二无明實性即是明
明亦不可取離一切數於其中平等无二者
是爲入不二法門
喜見菩薩曰色色空爲二色即是空非色滅
空色性自空如是受想行識識空爲二識即

空色性自空如是受想行識識空為二識即
是空非識滅空識性自空於其中而通達者
是為入不二法門
明相菩薩曰四種異空種異為二四種性即
是空種如前際後際空故中際亦空若能如
是知諸種性者是為入不二法門
妙意菩薩曰眼色為二若知眼性於色不貪
不恚不癡是名寂滅如是耳聲鼻香舌味身
觸意法為二若知意性於法不貪不恚不癡
是名寂滅安住其中是為入不二法門
无盡意菩薩曰布施迴向一切智為二布施
性即是迴向一切智性如是持戒忍辱精進禪
定智慧迴向一切智為二智慧性即是迴
向一切智性於其中入一相者是為入不二法門

淨慧菩薩曰是空是无相是无作為二空即是
无相无相即无作若空无相无作則无心意識
於一解脱門即是三解脱門者是為入不二法
門
寂根菩薩曰佛法衆為二佛即是法法即是
衆是三寶皆无為相與虚空等一切法亦尒
能隨此行者是為入不二法門
心无㝵菩薩曰身身滅為二身即是身滅所以
者何見身實相者不起見身及以滅身身與
滅身无二无分別於其中不驚不懼者是
為入不二法門
上善菩薩曰身口意善為二是三業皆无
作相身无作相即口无作相口无作相即意
无作相是三業无作相即是一切法无作相
能如是隨无作慧者是為入不二法門

能如是隨无作慧者是為入不二法門
福田菩薩曰福行罪行不動行為二三行實
性即是空空則无福行无罪行无不動行於
此三行而不起者是為入不二法門
華嚴菩薩曰從我起二為二見我實相者不
起二法若不住二法則无有識无所識者是
為入不二法門
德藏菩薩曰有所得相為二若无所得則无
取捨无取捨者是為入不二法門
月上菩薩曰闇與明為二无闇无明則无有二
所以者何如入滅受想定无闇无明一切法
相亦復如是於其中平等入者是為入不二
法門
寶印手菩薩曰樂涅槃不樂世間為二若不

樂涅槃不厭世間則无有二所以者何若有
縛則有解若本无縛其誰求解无縛无解
則无樂厭是爲入不二法門
珠頂王菩薩曰正道邪道爲二住正道者則
不分別是邪是正離此二者是爲入不二法
門
樂實菩薩曰實不實爲二實見者尚不見
實何況非實所以者何非肉眼所見慧眼乃
能見而此慧眼无見无不見是爲入不二法
門
如是諸菩薩各各說已問文殊師利何等是
菩薩入不二法門
文殊師利曰如我意者於一切法无言无說
无示无識離諸問答是爲入不二法門
於是文殊師利問維摩詰我等各自說已仁

於是文殊師利問維摩詰我等各自説已仁
者當説何等是菩薩入不二法門
時維摩詰嘿然无言文殊師利歎曰善哉
善哉乃至无有文字語言是真入不二法門
説是不二法門品
時於此衆中五千菩薩皆入不二法門得无
生法忍

維摩詰經卷中

生玉

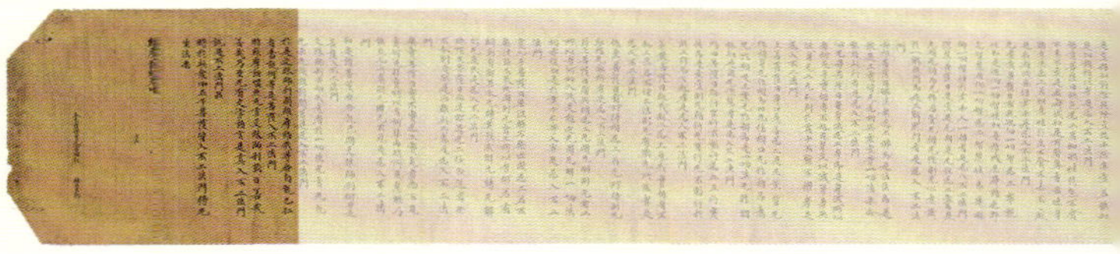

BD00018 維摩詰所説經卷中

BD00019 妙法蓮華經卷七

（後秦）鳩摩羅什 譯

BD00019v 藏文信函稿（擬）

72.5cm × 27.5cm

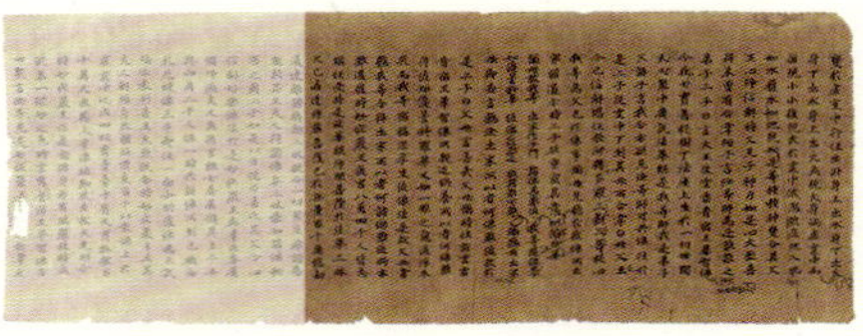

變於虛空中行住坐卧身上出水身下出火
身下出水身上出火或現大身滿虛空中而
復現小小復現大於空中滅忽然在地入地
如水履水如地現如是等種種神變令其父
王心淨信解時父見子神力如是心大歡喜
得未曾有合掌向子言汝等師爲是誰誰之
弟子二子白言大王彼雲雷音宿王華智佛
今在七寶菩提樹下法座上坐於一切世間
天人衆中廣説法華經是我等師我是弟子
父語子言我今亦欲見汝等師可共俱往於
是二子從空中下到其母所合掌白母父王
今已信解堪任發阿耨多羅三藐三菩提心

我等為父已作佛事願母見聽於彼佛所出
家脩道尒時二子欲重宣其意以偈白母
願母放我等　出家作沙門　諸佛甚難值　我等隨佛學
如優曇鉢華　值佛復難是　脫諸難亦難　願聽我出家
母即告言聽汝出家所以者何佛難值故於
是二子白父母言善哉父母願時往詣雲雷
音宿王華智佛所親近供養所以者何佛難
得值如優曇鉢羅華又如一眼之龜值浮木
孔而我等宿福深厚生值佛法是故父母當
聽我等令得出家所以者何諸佛難值時亦
難遇彼時妙莊嚴王後宮八萬四千人皆悉
堪任受持是法華經淨眼菩薩於法華三昧
久已通達淨藏菩薩已於無量百千萬億劫

久已通達淨藏菩薩已於無量百千萬億劫
通達離諸惡趣三昧欲令一切衆生離諸惡
趣故其王夫人得諸佛集三昧能知諸佛秘
密之藏二子如是以方便力善化其父令心
信解好樂佛法於是妙莊嚴王與羣臣眷屬
俱淨德夫人與後宮婇女眷屬俱其王二子
與四萬二千人俱一時共詣佛所到已頭面
礼足繞佛三匝却住一面尒時彼佛爲王說
法示教利喜王大歡悅尒時妙莊嚴王及其
夫人解頸真珠瓔珞價直百千以散佛上於
虚空中化成四柱寶臺臺中有大寶牀敷百
千萬天衣其上有佛結跏趺坐放大光明尒
時妙莊嚴王作是念佛身希有端嚴殊特成

就第一微妙之色時雲雷音宿王華智佛告
四衆言汝等見是妙莊嚴王□□前合掌立

BD00019v　藏文信函稿（擬）

BD00020 大般涅槃經（北本）鈔（擬）

207.7cm × 28cm

心慧不▢
淨之物不得邪業正命自活也不取▢受恩也
報善知世中所有事藝善解衆生方俗之言謂▢
十二部經不生懈怠懶墮之心若諸衆生不樂聽聞方
便引接令彼樂聞言常柔濡口不宣惡不和合衆能令
和合
師子吼言世尊如經中說若毗婆舍那能破煩惱何故復
脩奢摩他耶佛言善男子汝言毗婆舍那破煩惱者
是義不然何以故有智慧時則无煩惱有煩惱時則无
智慧云何而言毗婆舍那能破煩惱善男子譬如明
時无闇闇時无明若有說言明能破闇无有是處善

男子譬有智慧譬有煩惱而言智慧能破煩惱如
其无者則无所破
云何而言智慧能斷以是義故毗婆舍那使定不能
破諸煩惱佛言善男子无因緣故故名无生以无為故故
名无出无造業故故名无作不入五見故名屋宅離四暴
水故名為洲調衆生故故名歸依壞結賊故故名安
隱諸結火滅故名滅度離覺觀故故名涅槃遠憒
閙故名為寂靜永斷死故名无病一切无故名无所有
善男子若菩薩摩訶薩作是觀時即得明了見於
佛性
不脩戒者不能具足尸波羅蜜不脩心者不能具足禪

不脩戒者不能具足尸波羅蜜不脩心者不能具足禪
波羅蜜不脩慧者不能具足般若波羅蜜復次不
脩身者貪著我身及我所身我身常恒无有變易
不脩戒者爲自身故作十惡業不脩心者於惡業中不
能攝心不脩慧者以不攝心不能分別善惡等法復次
不脩身者不斷我見不脩戒者不斷戒取不脩心者
作貪瞋業趣向地獄不脩慧者不斷癡心
善男子若有脩集身戒心慧如先所說能觀諸法同如
虛空不見智慧不見智者不見愚癡不見愚者不
見脩集及脩集者是名智者如是之人則能脩集身
戒心慧是人能令地獄果報現世輕受

供養三寶敬信方等大涅槃經如來常恒无有變
易一切衆生悉有佛性是人能令地獄重報現世輕受
善男子以是義故非一切業悉有定果亦非一切衆生定受
若我者則是如來何以故身无邊故无疑网故不作不
受故名為常不生不滅故名為樂无煩惱垢故名為淨
无有十相故名為空是故如來常樂我淨空无諸相諸
外道言若言如來常樂我淨无相故空當知瞿曇所說
之法則非空也善男子若有比丘能說衆生悉有佛性
得金剛身无有邊際常樂我淨身心无㝵得八自在如
是比丘則能莊嚴娑羅雙樹師子吼言世尊若如是
者唯有如來是其人也何以故如來之身金剛无邊

BD00020　大般涅槃經（北本）鈔（擬）

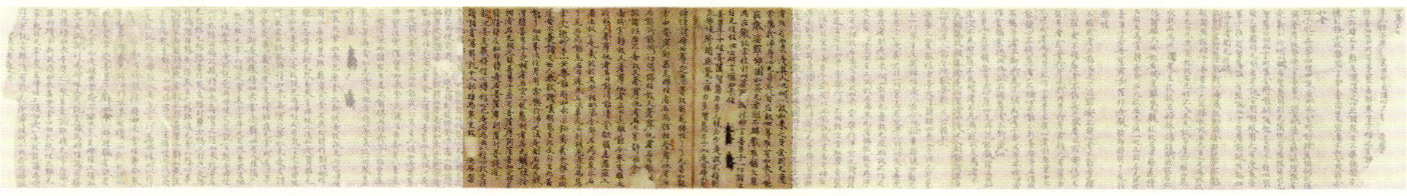

者唯有如來是真人也何以故如來之身金剛无邊
常樂我淨身心无㝵具八自在故世尊唯有如來乃能
庄嚴娑羅雙樹如其无者則不端嚴唯願大慈
為庄嚴故常住於此娑羅
雙樹佛言善男子一切諸法
性无住住汝云何言願如來住
善男子十住菩薩智慧力多三昧力少是故不得明
見佛性聲聞緣覺三昧力多智慧力少以是因緣不見
佛性諸佛世尊定慧等故明見佛性了了无㝵如觀
掌中菴摩勒菓見佛性者名為捨相奢摩他者名
為能滅能滅一切煩惱結故又奢摩他者名曰能
調諸根惡不善故又奢摩他者名曰寂靜能令

毒成寂靜故又奢摩他者名曰遠離能令衆生離五
欲故又奢摩他者名曰能清能清貪欲瞋恚愚癡三
濁法故以是義故故名定相毗婆舍那名為正見亦名
了見名為能見名曰遍見名次第見名別相見是名為慧
常受微妙第一安樂能解如來深秘密義受樂不欣
逢苦不憂諸天世人恭敬讚嘆明見生死及非生死善
能了知法界法性身有常樂我淨之法是則名為大般
涅槃善男子定相者名空三昧慧相者名無願三昧捨
相者名無相三昧善男子若有菩薩摩訶薩善知定時慧
時捨時及知非時是名菩薩摩訶薩行菩提道
親近善友獲得信心得信心已是名為出以信心故受持
讀誦書寫解說十二部經為衆生故　流布聚

BD00020　大般涅槃經（北本）鈔（擬）

讀誦書寫解說十二部經為衆生故流布樂
於惠施脩　智慧利根故堅住信慧心无退轉无退
轉已即便前進　進已得到彼岸登涉高山離諸恐
怖多受安樂善　子彼岸山者喻於如來受安樂者
喻佛常住大高山者喻大涅槃善男子是恒河邊
如是諸人悉具手足而不能渡一切衆生亦復如是實有
佛寶法寶僧寶如來常說諸法要義有八聖道
大般涅槃而諸衆生悉不能得此非我咎亦非聖道
衆生等過當知悉是煩惱過惡以是義故一切衆生不
得涅槃　下
如來色常如來色者常不斷故是故說色名為佛性
譬如真金質雖遷變色常不異或時作釧作虵作

勝然其黄色初无改易衆生佛性亦復如是雖復无
常而色是常以是故說色為佛性或有說言受是佛性
何以故受因緣故獲得如來真實之樂如來受者謂
畢竟受第一義受衆生受性雖復无常然其次第
相續不斷是故獲得如來常受譬如有人性憍尸
迦人雖无常而姓是常逕千万年无有改易衆生佛
性亦復如是以是故說受為佛性又有說言想是佛性
何以故想因緣故獲得如來真實之想如來想者名
无想想无想想者非衆生想非男女想亦非色受想
行識想非想斷想衆生之想雖復无常以想次第
相續不斷故得如來常恒之想善男子譬如衆生
十二因緣衆生雖滅而因緣常[illegible]生佛性亦復如是

十二因緣衆生雖滅而因緣常□生佛性亦復如是
以是故說想爲佛性又有說言行爲佛性何以故行
名壽命壽因緣故獲得如來常住壽命衆
生壽命雖復无常而得次第相續不斷故得如
來真實常受善男子譬如十二部經聽者說者
雖復无常而是經典常存不壞及衆生佛性亦復如
是以是故說行爲佛性又有說言識爲佛性識因緣
故獲得如來平等之心衆生意識雖復无常而識次
第相續不斷故得如來真實常心如火熱性火雖无
常熱非无常衆生佛性亦復如是以是故說識爲佛
性又有說言離陰有我我是佛性何以故我因緣故
□來八自在我

BD00021

金剛般若波羅蜜經

（後秦）鳩摩羅什 譯

230.1cm × 25cm

脩羅所應供養當知此處則為是塔皆應恭
敬作礼圍繞以諸華香而散其處
復次須菩提善男子善女人受持讀誦此經
若為人輕賤是人先世罪業應墮惡道以今
世人輕賤故先世罪業則為消滅當得阿耨
多羅三藐三菩提須菩提我念過去无量阿
僧祇劫於然燈佛前得值八百四千萬億那
由他諸佛悉皆供養承事无空過者若復有
人於後末世能受持讀誦此經所得功德於
我所供養諸佛功德百分不及一千萬億分
乃至筭數譬喻所不能及須菩提若善男子
善女人於後末世有受持讀誦此經所得功
德我若具說者或有人聞心則狂亂狐疑不
信須菩提當知是經義不可思議果報亦
不可思議

尒時須菩提白佛言世尊善男子善女人發
阿耨多羅三藐三菩提心云何應住云何降
伏其心佛告須菩提善男子善女人發阿耨多
羅三藐三菩提者當生如是心我應滅度一
切衆生滅度一切衆生已而无有一衆生實
滅度者何以故若菩薩有我相人相衆生相
壽者相則非菩薩所以者何須菩提實无有
法發阿耨多羅三藐三菩提者須菩提於意
云何如来於然燈佛所有法得阿耨多羅三
藐三菩提不不也世尊如我解佛所說義佛
於然燈佛所无有法得阿耨多羅三藐三菩
提佛言如是如是須菩提實无有法如来得
阿耨多羅三藐三菩提須菩提若有法如来
得阿耨多羅三藐三菩提者然燈佛則不與
我受記汝於来世當得作佛号釋迦牟尼以

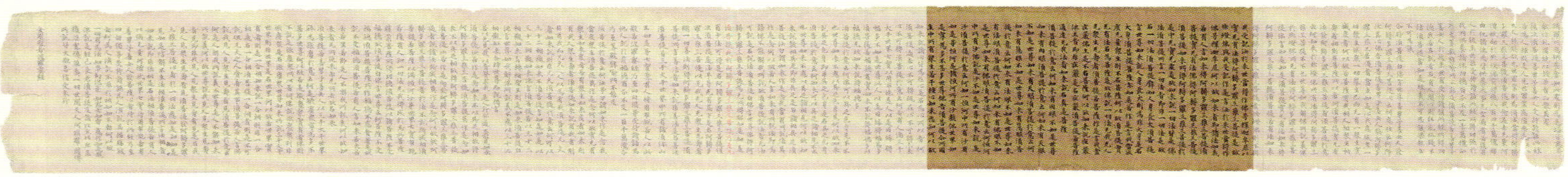

得阿耨多羅三藐三菩提者然燈佛則不與
我受記汝於來世當得作佛号釋迦牟尼以
實无有法得阿耨多羅三藐三菩提是故
然燈佛與我受記作是言汝於來世當得作
佛号釋迦牟尼何以故如來者即諸法如義
若有人言如來得阿耨多羅三藐三菩提須
菩提實无有法佛得阿耨多羅三藐三菩提
須菩提如來所得阿耨多羅三藐三菩提於
是中无實无虛是故如來說一切法皆是佛
法須菩提所言一切法者即非一切法是故
名一切法須菩提譬如人身長大須菩提
言世尊如來說人身長大則為非大身是名
大身須菩提菩薩亦如是若作是言我當滅
度无量衆生則不名菩薩何以故須菩提實
无有法名為菩薩是故佛說一切法无我无人
无衆生无壽者須菩提若菩薩作是言我當

莊嚴佛土是不名菩薩何以故如来說莊嚴
佛土者即非莊嚴是名莊嚴須菩提若菩薩
通達无我法者如来說名真是菩薩
須菩提於意云何如来有肉眼不如是世尊
如来有肉眼須菩提於意云何如来有天眼
不如是世尊如来有天眼須菩提於意云何
如来有慧眼不如是世尊如来有慧眼須菩
提於意云何如来有法眼不如是世尊如来
有法眼須菩提於意云何如来有佛眼不如
是世尊如来有佛眼須菩提於意云何恒河
中所有沙佛說是沙不如是世尊如来說是
沙須菩提於意云何如一恒河中所有沙有
如是等恒河是諸恒河所有沙數佛世界如
是寧為多不甚多世尊佛告須菩提尒所國
土中所有衆生若干種心如来悉知何以故

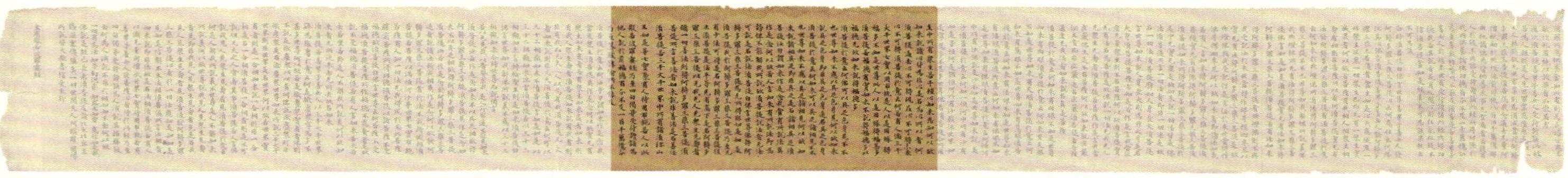

土中所有衆生若干種心如來悉知何以故
如來說諸心皆為非心是名為心所以者何
須菩提過去心不可得現在心不可得未來
心不可得須菩提於意云何若有人滿三千
大千世界七寶以用布施是人以是因緣得
福多不如是世尊此人以是因緣得福甚多
須菩提若福德有實如來不說得福德多以
福德无故如來說得福德多
須菩提於意云何佛可以具足色身見不不
也世尊如來不應以具足色身見何以故如來
說具足色身即非具足色身是名具足色身
須菩提於意云何如來可以具足諸相見不不
也世尊如來不應以具足諸相見何以故如
來說諸相具足即非具足是名諸相具足須
菩提汝勿謂如來作是念我當有所說法莫

作是念何以故若人言如來有所說法即為
謗佛不能解我所說故須菩提說法者无法
可說是名說法須菩提白佛言世尊佛得阿
耨多羅三藐三菩提為无所得耶如是如是
須菩提我於阿耨多羅三藐三菩提乃至无
有少法可得是名阿耨多羅三藐三菩提復
次須菩提是法平等无有高下是名阿耨多
羅三藐三菩提以无我无人无衆生无壽者
脩一切善法則得阿耨多羅三藐三菩提須
菩提所言善法者如來說非善法是名善法
須菩提若三千大千世界中所有諸須弥山
王如是等七寶聚有人持用布施若人以此
般若波羅蜜經乃至四句偈等受持讀誦為
他人說於前福德百分不及一百千萬億分
乃至筭數譬喻所不能及

若波羅蜜經乃至四句偈等受持讀誦為
他人說於前福德百分不及一百千萬億分
乃至筭數譬喻所不能及
須菩提於意云何汝等勿謂如來作是念我
當度衆生須菩提莫作是念何以故實无有
衆生如來度者若有衆生如來度者如來則
有我人衆生壽者須菩提如來說有我者則
非有我而凡夫之人以為有我須菩提凡夫
者如來說則非凡夫須菩提於意云何可以
三十二相觀如來不須菩提言如是如是以
三十二相觀如來佛言須菩提若以三十二
相觀如來者轉輪聖王則是如來須菩提白
佛言世尊如我解佛所說義不應以三十二
相觀如來尒時世尊而說偈言
若以色見我 以音聲求我 是人行邪道 不能見如來
須菩提汝若作是念如來不以具足相故得

阿耨多羅三藐三菩提須菩提莫作是念如
來不以具足相故得阿耨多羅三藐三菩提
須菩提汝若作是念發阿耨多羅三藐三菩
提者說諸法斷滅相莫作是念何以故發阿
耨多羅三藐三菩提者於法不說斷滅相須
菩提若菩薩以滿恒河沙等世界七寶布施
若復有人知一切法无我得成於忍此菩薩
勝前菩薩所得功德須菩提以諸菩薩不受
福德故須菩提白佛言世尊云何菩薩不受
福德須菩提菩薩所作福德不應貪著是故
說不受福德須菩提若有人言如來若來若
去若坐若卧是人不解我所說義何以故如
來者无所從來亦无所去故名如來
須菩提若善男子善女人以三千大千世界
碎為微塵於意云何是微塵衆寧為多不

[illegible]
碎為微塵於意云何是微塵衆寧為多不
甚多世尊何以故若是微塵衆實有者佛則
不說是微塵衆所以者何佛說微塵衆則非
微塵衆是名微塵衆世尊如來所說三千大千
世界則非世界是名世界何以故若世界實
有者則是一合相如來說一合相則非一合
相是名一合相須菩提一合相者則是不可
說但凡夫之人貪著其事須菩提若人言佛
說我見人見衆生見壽者見須菩提於意云
何是人解我所說義不世尊是人不解如來
所說義何以故世尊說我見人見衆生見壽
者見即非我見人見衆生見壽者見是名我
見人見衆生見壽者見須菩提發阿耨多羅
三藐三菩提心者於一切法應如是知如是
見如是信解不生法相須菩提所言法相者

如來說即非法相是名法相須菩提若有人
以滿无量阿僧祇世界七寶持用布施若有
善男子善女人發菩薩心者持扵此經乃至
四句偈等受持讀誦爲人演說其福勝彼
云何爲人演說不取扵相如如不動何以故
一切有爲法　如夢幻泡影　如露亦如電　應作如是觀
佛說是經已長老須菩提及諸比丘比丘尼
優婆塞優婆夷一切世間天人阿脩羅聞佛
所說皆大歡喜信受奉行

金剛般若波羅蜜經

BD00022 妙法蓮華經卷四

（後秦）鳩摩羅什 譯

151.7cm × 25.9cm

香瓔珞幡蓋伎樂供養寶塔恭敬尊重讚
嘆尒時寶塔中出大音聲嘆言善哉善哉釋迦
牟尼世尊能以平等大慧教菩薩法佛所護念
妙法華經為大眾說如是如是釋迦牟尼世尊
如所說者皆是真實尒時四眾見大寶塔住在
空中又聞塔中所出音聲皆得法喜怪未曾有
從座而起恭敬合掌却住一面尒時有菩薩摩
訶薩名大樂說知一切世間天人阿脩羅等心
之所疑而白佛言世尊以何因緣有此寶塔從地
踊出又於其中發是音聲尒時佛告大樂說菩
薩此寶塔中有如來全身乃往過去東方无
量千万億阿僧祇世界國名寶淨彼中有佛
號曰多寶其佛本行菩薩道時作大誓願若

我成佛滅度之後於十方國土有說法華經處我
之塔廟為聽是經故踊現其前為作證明讚言
善哉彼佛成道已臨滅度時於天人大衆中告
諸比丘我滅度後欲供養我全身者應起一大
塔其佛以神通願力十方世界在在處處若有
說法華經者彼之寶塔皆踊出其前全身
在於塔中讚言善哉善哉大樂說今多寶如
來塔聞說法華經故從地踊出讚言善哉善
哉是時大樂說菩薩以如來神力故白佛言
世尊我等願欲見此佛身佛告大樂說菩薩
摩訶薩是多寶佛有深重願若我寶塔為
聽法華經故出於諸佛前時其有欲以我身示
四衆者彼佛分身諸佛在於十方世界說法
盡還集一處然後我身乃出現耳大樂說我分

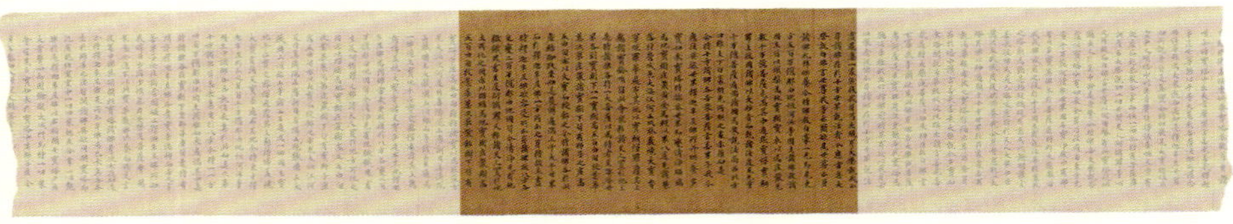

盡還集一處然後我身乃出現耳大樂說我分
身諸佛在於十方世界說法者今應當集大
樂說白佛言世尊我等亦願欲見世尊分身
諸佛礼拜供養尒時佛放白毫一光即見東
方五百万億那由他恒河沙等國土諸佛彼諸
國土皆以頗梨爲地寶樹寶衣以爲莊嚴无
數千万億菩薩充滿其中遍張寶幔寶網
羅上彼國諸佛以大妙音而說諸法及見无量
千万億菩薩遍滿諸國爲衆說法南西北方
四維上下白毫相光所照之處亦復如是
尒時十方諸佛各告衆菩薩言善男子我今
應往娑婆世界釋迦牟尼佛所并供養多
寶如來寶塔時娑婆世界即變清淨瑠璃
爲地寶樹莊嚴黃金爲繩以界八道无諸聚

落村營城邑大海江河山川林藪燒大寶香
曼陁羅華遍布其地以寶網幔羅覆其上
懸諸寶鈴唯留此會衆移諸天人置於他土
是時諸佛各將一大菩薩以為侍者至娑婆世
界各到寶樹下一一寶樹高五百由旬枝葉華
菓次第莊嚴諸寶樹下皆有師子之座高
五由旬亦以大寶而校飾之尒時諸佛各於此
座結跏趺坐如是展轉遍滿三千大千世界
而於釋迦牟尼佛一方所分之身猶故未盡
時釋迦牟尼佛欲容受所分身諸佛故八方各
更變二百万億那由他國皆令清淨无有地
獄餓鬼畜生及阿脩羅又移諸天人置於他
土所化之國亦以瑠璃為地寶樹莊嚴樹高
五百由旬枝葉華菓次第嚴飾樹下皆有

五百由旬枝葉華菓次第嚴飾樹下皆有
寶師子座高五由旬種種諸寶以為莊嚴亦
无大海江河及目真隣陁山摩訶目真隣陁
山鐵圍山大鐵圍山須弥山等諸山王通為
一佛国土寶地平正寶交露幔遍覆其上懸
諸幡蓋燒大寶香諸天寶華遍布其地釋迦
牟尼佛為諸佛當來坐故復於八方各變二百
万億那由他國皆令清淨无有地獄餓鬼畜
生及阿脩羅又移諸天人置於他方所化之
國亦以瑠璃為地寶樹莊嚴樹高五百由旬
枝葉華菓次第莊嚴樹下皆有寶師子座
高五由旬亦以大寶而校飾之亦无大海江河
及目真隣陁山摩訶目真隣山陁鐵圍山大
鐵圍山須弥山等諸山王通為一佛國土寶

地平正寶交露幔遍覆其上懸諸幡蓋燒
大寶香諸天寶華遍布其地尒時東方釋
迦牟尼所分之身百千万億那由他恒河沙等
國土中諸佛各各說法来集於此如是次第
十方諸佛皆悉来集坐於八方尒時一一方
四百万億那由他國土諸佛如来遍滿其中是
時諸佛各在寶樹下坐師子座皆遣侍者
問訊釋迦牟尼佛各齎寶華滿掬而告之言
善男子汝往詣耆闍崛山釋迦牟尼佛所如
我辭曰少病少惱氣力安樂及菩薩聲聞
衆悉安隱不以此寶華散佛供養而作是言
彼某甲佛與欲開此寶塔諸佛遣使亦復如是
尒時釋迦牟尼佛見所分身佛悉已来集各各
坐於師子之座皆聞諸佛與欲同開寶塔即

坐於師子之座皆聞諸佛與欲同開寶塔即
從座起住虛空中一切四衆起立合掌一心觀
佛於是釋迦牟尼佛以右指開七寶塔户出
大音聲如却關鑰開大城門即時一切衆
會皆見多寶如來於寶塔中坐師子座全
身不散如入禪定又聞其言

BD00023A　大般若波羅蜜多經卷二五八

（唐）玄奘 譯

46.3cm×25.6cm

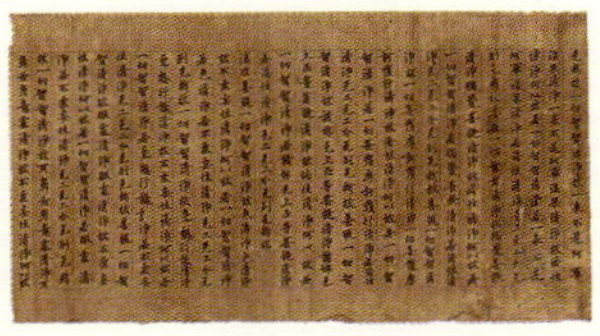

无斷故一切智智清淨故一來不還阿羅
漢果清淨一來不還阿羅漢果清淨故諸住
清淨何以故若一切智智清淨若一來不還
阿羅漢果清淨若諸住清淨无二无二分无
別无斷故善現一切智智清淨故獨覺菩提
清淨獨覺菩提清淨故諸住清淨何以故若
一切智智清淨若獨覺菩提清淨若諸住清
淨无二无二分无別无斷故善現一切智智清
淨故一切菩薩摩訶薩行清淨一切菩薩摩
訶薩行清淨故諸住清淨何以故若一切智
智清淨若一切菩薩摩訶薩行清淨若諸住
清淨无二无二分无別无斷故善現一切智
智清淨故諸佛无上正等菩提清淨諸佛无
上正等菩提清淨故諸住清淨何以故若

一切智智清淨若諸佛无上正等菩提清淨
若法性清淨无二无二分无別无斷故
復次善現一切智智清淨故色清淨色清淨
故不虛妄性清淨何以故若一切智智清淨
若色清淨若不虛妄性清淨无二无二分无
別无斷故一切智智清淨故受想行識清淨
受想行識清淨故不虛妄性清淨何以故若
一切智智清淨若受想行識清淨若不虛妄
性清淨无二无二分无別无斷故善現一切
智智清淨故眼處清淨眼處清淨故不虛妄
性清淨何以故若一切智智清淨若眼處清
淨若不虛妄性清淨无二无二分无別无斷
故一切智智清淨故耳鼻舌身意處清淨耳
鼻舌身意處清淨故不虛妄性清淨何以故

BD00023B 金剛般若波羅蜜經

（後秦）鳩摩羅什 譯

BD00023Bv 雜寫

102.3cm × 26.2cm

一切法无我无人
无衆生无壽者須菩提若菩薩作是言我
當莊嚴佛土是不名菩薩何以故如来說莊
嚴佛土者即非莊嚴是名莊嚴須菩提若菩
薩通達无我法者如来說名真是菩薩
須菩提於意云何如来有肉眼不如是世尊
如来有肉眼須菩提於意云何如来有天眼
不如是世尊如来有天眼須菩提於意云何
如来有慧眼不如是世尊如来有慧眼須菩
提於意云何如来有法眼不如是世尊如来
有法眼須菩提於意云何如来有佛眼不如
是世尊如来有佛眼須菩提於意云何恒河
中所有沙佛說是沙不如是世尊如来說是
沙須菩提於意云何如一恒河中所有沙有

如是等恒河是諸恒河所有沙數佛世界如
是寧為多不甚多世尊佛告須菩提尒所
國土中所有衆生若干種心如來悉知何以故
如來說諸心皆為非心是名為心所以者何須
菩提過去心不可得現在心不可得未來心
不可得須菩提於意云何若有人滿三千
大千世界七寶以用布施是人以是因緣得
福多不如是世尊此人以是因緣得福甚多
須菩提若福德有實如來不說得福德多以
福德无故如來說得福德多
須菩提於意云何佛可以具足色身見不不
也世尊如來不應以具足色身見何以故如來
說具足色身即非具足色身是名具足色身
須菩提於意云何如來可以具足諸相見不不
也世尊如來不應以具足諸相見何以故如來

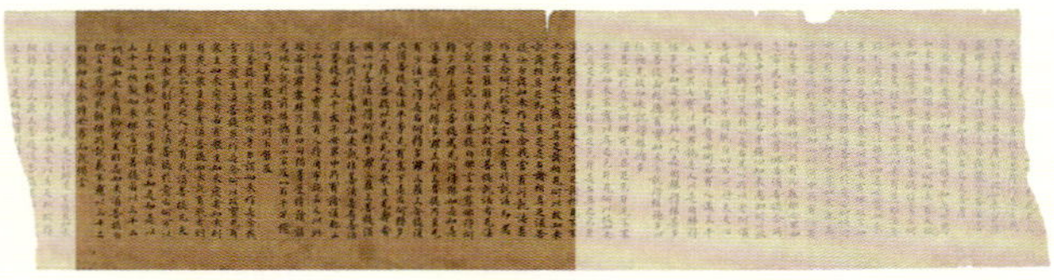

須菩提於意云何如來可以具足諸相見不不
也世尊如來不應以具足諸相見何以故如來
說諸相具足即非具足是名諸相具足須菩
提汝勿謂如來作是念我當有所說法莫
作是念何以故若人言如來有所說法即為
謗佛不能解我所說故須菩提說法者无法
可說是名說法須菩提白佛言世尊佛得阿
耨多羅三藐三菩提為无所得耶如是如是
須菩提我於阿耨多羅三藐三菩提乃至无
有少法可得是名阿耨多羅三藐三菩提復
次須菩提是法平等无有高下是名阿耨多
羅三藐三菩提以无我无人无衆生无壽者
脩一切善法則得阿耨多羅三藐三菩提須
菩提所言善法者如來說非善法是名善法
須菩提若三千大千世界中所有諸須弥山

王如是等七寶聚有人持用布施若人以此
般若波羅蜜經乃至四句偈等受持讀誦
為他人說於前福德百分不及一百千万億
分乃至筭數譬喻所不能及
須菩提於意云何汝等勿謂如來作是念我
當度衆生須菩提莫作是念何以故實无有
衆生如來度者若有衆生如來度者如來則
有我人衆生壽者須菩提如來說有我者則
非有我而凡夫之人以為有我須菩提凡夫
者如來說則非凡夫須菩提於意云何可以
三十二相觀如來不須菩提言如是如是以
三十二相觀如來佛言須菩提若以三十二
相觀如來者轉輪聖王則是如來須菩提白
佛言世尊如我解佛所說義不應以三十二
相觀如來尒時世尊而說偈言

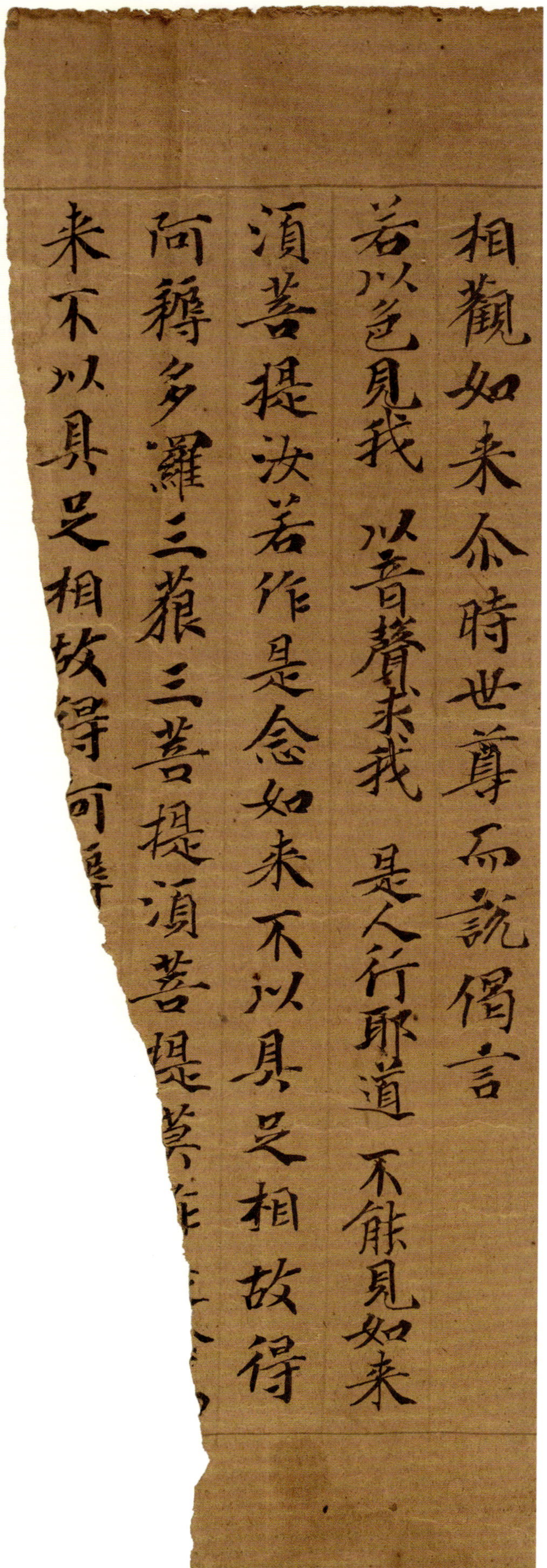

相觀如來尒時世尊而説偈言
若以色見我　以音聲求我　是人行耶道　不能見如來
須菩提汝若作是念如來不以具足相故得
阿耨多羅三藐三菩提須菩提莫作
來不以具足相故得阿

大目乾蓮

BD00023Bv　雜寫

BD00024

金剛般若波羅蜜經

（後秦）鳩摩羅什 譯

178.8cm×24.3cm

迦牟尼何以故如来者即諸法如義若有人
言如来得阿耨多羅三藐三菩提須菩提
實无有法佛得阿耨多羅三藐三菩提須菩
提如来所得阿耨多羅三藐三菩提於是中
无實无虛是故如来説一切法皆是佛法須
菩提所言一切法者即非一切法是故名一切法
須菩提譬如人身長大須菩提言世尊如
来説人身長大則非大身是名大身
須菩提菩薩亦如是若作是言我當滅度无
量衆生則不名菩薩何以故須菩提无有法
名為菩薩是故佛説一切法无我无人无衆生
无壽者須菩提若菩薩作是言我當莊嚴
佛土是不名菩薩何以故如来説莊嚴佛土
者即非莊嚴是名莊嚴須菩提若菩薩通

達无我法者如来說名真是菩薩
須菩提扵意云何如来有肉眼不如是世尊如
来有肉眼須菩提扵意云何如来有天眼不
如是世尊如来有天眼須菩提扵意云何如
来有慧眼不如是世尊如来有慧眼須菩提
扵意云何如来有法眼不如是世尊如来有
法眼須菩提扵意云何如来有佛眼不如是
世尊如来有佛眼須菩提扵意云何恒河中
所有沙佛說是沙不如是世尊如来說是沙
須菩提扵意云何如一恒河中所有沙有如是
等恒河是諸恒河所有沙數佛世界如是
寧為多不甚多世尊佛告須菩提尒時國
土中所有衆生若干種心如来悉知何以故如
来說諸心皆為非心是名為心所以者何須
菩提過去心不可得現在心不可得未来心不可
得

菩提過去心不可得現在心不可得未来心不可
得須菩提於意云何若有人滿三千大千
世界七寶以用布施是人以是因緣得福多不如
是世尊此人以是因緣得福甚多須菩提
若福德有實如来不說得福德多以福德
无故如来說得福德多
須菩提於意云何佛可以具足色身見不不
也世尊如来不應以色身見何以故如来說具
足色身即非具足色身是名具足色身須提
提於意云何如来可以具足諸相見不不也
世尊如来不應以具足諸相見何以故如来說
諸相具足即非具足是名諸相具足須菩提
汝勿謂如来作是念我當有所說法莫作
是念何以故若人言如来有所說法則為謗佛不
能解我所說故須菩提說法者无法可說是

名說法須菩提白佛言世尊佛得阿耨多
羅三藐三菩提為无所得耶如是如是須菩
提我於阿耨多羅三藐三菩提乃至无有少
法可得是名阿耨多羅三藐三菩提
復次須菩提是法平等无有高下是名阿耨
多羅三藐三菩提以无人我无眾生无壽者脩
一切善法則得阿耨多羅三藐三菩提須菩
提所言善法者如来說非善法是名善法須
菩提若三千大千世界中所有諸須弥山王如是
等七寶聚有人持用布施若人以此般若波羅
蜜經乃至四句偈等受持為他人說於前福德
百分不及一百千万億分乃至筭數譬喻所不能
及
須菩提於意云何汝等勿謂如来作是念我當
度眾生須菩提莫作是念何以故實无有眾

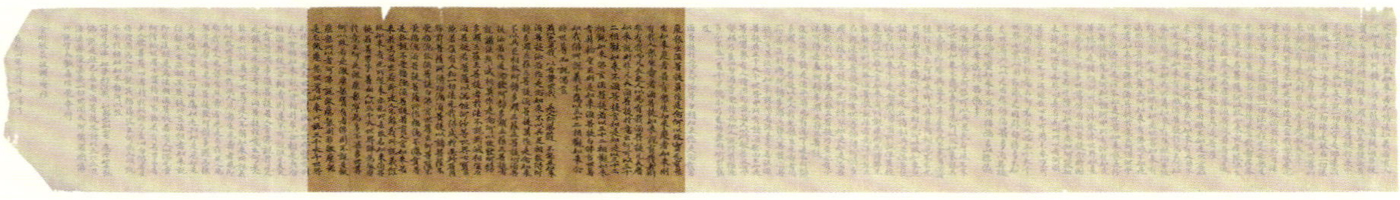

度衆生須菩提莫作是念何以故實无有衆
生如来度者若有衆生如来度者如来則
有我人衆生壽者須菩提如来說有我者則
非有我而凡夫之人以為有我須菩提凡夫者
如来說則非凡夫須菩提於意云何可以三十
二相觀如来不須菩提言如是如是以三十二
相觀如来佛言須菩提若以三十二相觀如来
者轉輪聖王則是如来須菩提白佛言世尊
如我佛所說義不應以三十二相觀如来尒
時世尊而說偈言
若以色見我 以音聲求我 是人行邪道 不能見如来
須菩提汝若作是念如来不以具足相故得阿
耨多羅三藐三菩提須菩提莫作是念如来
不以具足相故阿耨多羅三藐三菩提心須菩
提汝若作是念發阿耨多羅三藐三菩提者

說諸法斷滅於莫作是念何以故發阿耨
多羅三藐三菩提者於法不說斷滅相復次
須菩提若菩薩以滿恒河沙等世界七寶布
施若復有人知一切法无我得成於忍此菩薩
勝前菩薩所得功德須菩提以諸菩薩不
受福德故須菩提白佛言世尊云何菩薩不
受福德須菩提菩薩所作福德不應貪著
是故說不受福德須菩提若有人言如來若
來若去若坐若卧是人不解我所說義何以
故如來者无所從來亦无所去故名如來須菩
提若善男子善女人以三千大千世界碎為微塵
於意云何是微塵衆寧為多不甚多世尊
何以故若是微塵衆實有者佛則不說是微
塵衆所以者何佛說微塵衆則非微塵衆
是名微塵衆世尊如來所說三千大千世界
則非世界是名世界何以故若世界實有者則

是名微塵衆世尊如來所說三千大千世界
則非世界是名世界何以故若世界實有則
是一合相如來說一合相則非一合相是名一合
相須菩提一合相者則是不可說但凡夫之
人貪著其事須菩提若人言佛說我見人
見衆生見壽者見須菩提於意云何是人
解我所說義不世尊是人不解如來所說義
何以故世尊說我見人見衆生見壽者見即
非我見人見衆生見壽者見是名我見人見
衆生見壽者見須菩提發阿耨多羅三藐
三菩提心者於一切法應如是知如是見如是
信解不生法相須菩提所言法相者如來說
即非法相是名法相須菩提若有人以滿無量
阿僧祇世界七寶持用布施若有善男子善
女人發菩薩心者持於此經乃至四句偈等

持讀誦為人演說其福勝彼云何為人演說
不取於相如如不動何以故
一切有為法 如夢幻泡影 如露亦如電 應作如是觀
佛說是經已長老須菩提及諸比丘比丘尼
優婆塞優婆夷一切世間天阿脩羅聞佛
所說皆大歡喜信受奉行

金剛般若波羅蜜經

景龍四年六月廿日寫了

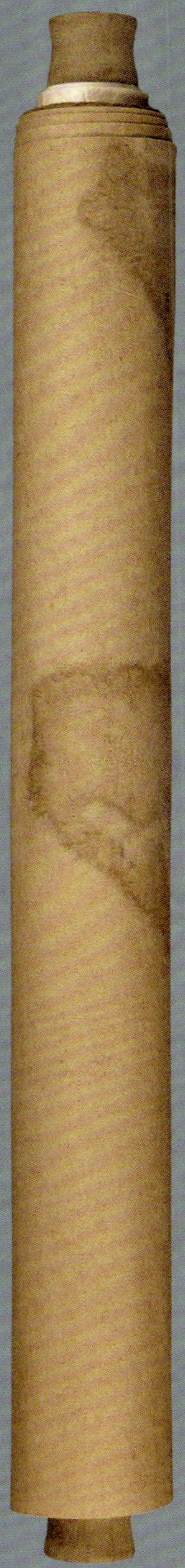

BD00025　無量壽宗要經（甲本）

170cm×31cm

馱……羅八波唎輸
薩波……□十四波唎婆嚩莎
尒時復有六……聲說是无量壽宗要
南謨薄伽勃底一阿波唎蜜多二阿喻紇硯娜三須毗你尸指
馱六怛姪他唵七薩婆桑悉迦羅八波唎輸底九達磨底十伽迦娜十一莎訶某持迦底十二
薩婆婆毗輸底十三摩訶娜耶十四波唎婆嚩莎訶十五
尒時復有五十五殑佛一時同聲說是无量壽宗要經陁羅尼曰
南謨薄伽勃底一阿波唎蜜多二阿喻紇硯娜三須毗你尸指多四囉佐耶五怛他揭
他耶六怛姪他唵七薩婆桑……八□唎輸底九達磨底十伽加娜十一莎訶某持迦底十二
薩婆婆毗輸底十三摩……波唎婆嚩莎訶十五
尒時復有四十五殑佛一時……聲說是无量宗要經陁羅尼曰
南謨薄伽勃底一阿波唎蜜多二阿喻紇硯娜三須毗你尸指多四囉佐耶五怛他揭
他耶六怛姪他唵七薩婆桑悉迦羅八波唎輸底九達磨底十伽加娜十一莎訶某持迦
底十二薩婆婆毗輸底十三摩訶娜耶十四波唎婆嚩莎訶十五
尒時復有三十六殑佛一時同聲說是无量壽宗要經陁羅尼曰
南謨薄伽勃底一阿波唎蜜多二阿喻紇硯娜三須毗你尸指多四囉佐耶五怛他揭

他耶六怛姪他唵七薩婆桑悉迦羅八波唎輸底九達磨底十伽迦娜十一莎呵十二其持迦底

摩訶娜耶十四波唎婆嚗莎呵十五

尒時復有二十五殑伽佛一時同聲說是无量壽宗要經陀羅尼曰

南謨薄伽勃底一阿波唎蜜多二阿喻紇硯娜三須毗尸指多四囉佐耶五怛他羯他耶六怛姪他唵七薩婆桑悉迦囉八波唎輸底九達磨底十伽迦娜十一莎呵其持迦底十二薩婆婆毗輸底十三摩訶娜耶十四波唎婆嚗莎呵十五

尒時復有恒河沙殑伽佛一時同聲說是无量壽宗要經陀羅尼曰

南謨薄伽勃底一阿波唎蜜多二阿喻紇硯娜三須毗你尸指多四囉佐耶五怛他羯他耶六怛姪他唵七薩婆桑悉迦囉八波唎輸底九達磨底十伽迦娜十一莎呵其持迦底十二薩婆婆毗輸底十三摩訶娜耶十四波唎婆嚗莎呵十五

善男子若有自書寫教人書寫是无量壽宗要經如其命盡復得長壽滿年陀羅尼曰

南謨薄伽勃底一阿波唎蜜多二阿喻紇硯娜三須毗你尸指多四囉佐耶五怛他羯他耶六怛姪他唵七薩婆桑悉迦羅八波唎輸底九達磨底十伽迦娜十一莎呵其持迦底十二薩婆婆毗輸底十三摩訶娜耶十四波唎婆嚗莎呵十五

若有自書寫教人書寫是无量壽宗要經讀誦受持畢竟不墮地獄在在所生得宿命智陀羅尼曰

南謨薄伽勃底一阿波唎蜜多二阿喻紇硯娜三囉佐耶四

智陀羅尼曰　南謨薄伽勃底一阿波唎蜜多二阿喻紇硯娜三囉佐耶四
囉佐耶五怛他羯他耶六怛姪他唵七薩婆桑悉迦羅八波唎輸底九達磨底十伽伽娜十一
莎訶某持迦底十二薩婆婆毗輸底十三摩訶娜耶十四波唎婆嚫莎訶十五
若有自書寫教人書寫是無量壽宗要經受持讀誦如同書寫八萬四千一切經典陀羅尼曰
南謨薄伽勃底一阿波唎蜜多二阿喻紇硯娜三須毗你實指陀四囉佐耶五怛他羯他
耶六怛姪他唵七薩婆桑悉迦羅八波唎輸底九達磨底十伽伽娜十一莎訶某持迦底十二
薩婆婆毗輸底十三摩訶娜耶十四波唎婆嚫莎訶十五
若有自書寫教人書寫是無量壽宗要經受持讀誦即是書寫八萬四千部建立塔廟陀羅尼曰
南謨薄伽勃底一阿波唎蜜多二阿喻紇硯娜三須毗你實指陀四囉佐耶五怛他羯他耶六
怛姪他唵七薩婆桑悉迦羅八波唎輸底九達磨底十伽伽娜十一莎訶某持迦底十二
薩婆毗輸底十三摩訶娜耶十四波唎婆嚫莎訶十五
若有自書寫教人書寫是無量壽宗要經能消五無間等一切重罪陀羅尼曰
南謨薄伽勃底一阿波唎蜜多二阿喻紇硯娜三須毗你實指陀四囉佐耶五怛他羯他
耶六怛姪他唵七薩婆桑悉迦羅八波唎輸底九達磨底十伽伽娜十一莎訶某持迦底十二
薩婆毗輸底十三摩訶娜耶十四波唎婆嚫莎訶十五
若有自書寫教人書寫是無量壽宗要經受持讀誦設有重罪猶如須彌盡能除
滅陀羅尼曰　南謨薄伽勃底一阿波唎蜜多二阿喻紇硯娜三須毗你實指陀四囉佐耶五

他羯他耶六怛姪他唵七薩婆桑悉迦囉八波唎輸底九達磨底十伽迦娜十一莎訶其持迦底十二薩

婆婆毗輸底十三摩訶娜耶十四波唎婆囉莎訶十五

若有自書寫教人書寫是无量壽宗要經受持讀誦若魔魔之眷屬夜叉羅剎不得其便終无枉死陁羅尼曰　南謨薄伽勃底一阿喻紇硯娜三須毗你尸栺多四囉佐耶五怛他羯他耶六怛姪他唵七薩婆桑悉迦囉八波唎輸底九達磨底十伽迦娜十一莎訶其持迦十二

薩婆婆毗輸底十三摩訶娜耶十四波唎婆囉莎訶十五

若有自書寫教人書寫是无量壽宗要經受持讀誦當命終時有九十九姟佛現其人前

衆千佛授手能遊一切佛剎莫於此經生疑惑陁羅尼曰

南謨薄伽勃底一阿波唎蜜多二阿喻紇硯娜三須毗你尸栺多四囉佐耶五怛他羯他耶六

怛姪他唵七薩婆桑悉迦囉八波唎輸底九達磨底十伽迦娜十一莎訶其持迦底十二薩

婆婆毗輸底十三摩訶娜耶十四波唎婆囉莎訶十五

若有自書寫教人書寫是无量壽宗要經受持讀誦當得四天大王隨其衛護陁羅尼曰

南謨薄伽勃底一阿波唎蜜多二阿喻紇硯娜三須毗你尸栺多四囉佐耶五怛他羯他耶六怛姪他唵七薩婆桑悉迦羅八波唎輸底九達磨底十伽迦娜十一莎訶其持迦底十二

薩婆婆毗輸底十三摩訶娜耶十四波唎婆囉莎訶十五

若有自書寫教人書寫是无量壽宗要經受持讀誦當得往生西方極樂世界阿弥陁淨

若有自書寫教人書寫是无量壽宗要經受持讀誦當得往生西方極樂世界阿彌陀淨
土陀羅尼曰　南謨薄伽勃底一阿波唎蜜多二阿喻紇硯娜三須毗你尸指多四囉佐
耶五怛他羯他耶六怛姪他唵七薩婆桑悉迦囉八波唎婆𤄷莎呵達磨底十伽迦娜
十一莎呵其持迦底十二薩婆婆毗輸底十三摩訶娜耶十四波唎婆𤄷莎呵十五
若有方所自書寫使人書寫是无量壽經典之處則為是塔皆應恭敬作礼若是畜生
或為鳥獸得聞是經如是等類皆當不久得成一切種智陀羅尼曰
南謨薄伽勃底一阿波唎蜜多二阿喻紇硯娜三須毗你尸指多四囉佐耶五怛他羯他耶六
怛姪他唵七薩婆桑悉迦囉八波唎婆底九達磨底十伽迦娜十一莎呵其持迦底十二薩婆
婆毗輸底十三摩訶娜耶十四波唎婆𤄷莎呵十五
若有於是无量壽經自書寫使人書畢竟不受女人之身陀羅尼曰
南謨薄伽勃底一阿波唎蜜多二阿喻紇硯娜三須毗你尸指多四囉佐耶五怛他羯他
耶六怛姪他唵七薩婆桑悉迦囉八波唎輸底九達磨底十伽迦娜十一莎呵其持迦底十二
薩婆婆毗輸底十三摩訶娜耶十四波唎婆𤄷莎呵十五
若有能於是經少分能惠施者等於三千大千世界滿中七寶布施陀羅尼曰
南謨薄伽勃底一阿波唎蜜多二阿喻紇硯娜三須毗你尸指多四囉佐耶五怛他羯他
耶六怛姪他唵七薩婆桑悉迦囉八波唎輸底九達磨底十伽迦娜十一莎呵其持迦底十二
薩婆婆毗輸底十三摩訶娜耶十四波唎婆𤄷莎呵十五

若有[illegible]

南謨薄伽勃底一阿波唎蜜多二阿喻紇硯娜三須毗你尸栺多四囉佐耶五怛他羯他

耶六怛姪他唵七薩婆桑悉迦囉八波唎輸底九達磨底十伽迦娜十一莎訶其持迦底十二

薩婆婆毗輸底十三摩訶娜耶十四波唎婆廲莎訶十五

如是毗婆尸佛　尸弃佛　毗舍浮佛　俱留孫佛　俱那含牟尼佛迦葉佛釋迦牟尼佛

若有人以七寶供養如是七佛其福有限書寫受持是无量壽經典所有功德不可數量陀羅尼日

南謨薄伽勃底一阿波唎蜜多二阿喻紇硯娜三須毗你尸栺多四囉佐耶五怛他羯他耶六

怛姪他唵七薩婆桑悉迦囉八波唎輸底九達磨底十伽迦娜十一莎訶其持迦底十二薩

婆婆毗輸底十三摩訶娜耶十四波唎婆廲莎訶十五

若有七寶等於須弥以用布施其福上能知其限量是无量壽經典其福不可知數陀羅尼日

南謨薄伽勃底一阿波唎蜜多二阿喻紇硯娜三須毗你尸栺多四囉佐耶五怛他羯他耶六

怛姪他唵七薩婆桑悉迦囉八波唎輸底九達磨底十伽迦娜十一莎訶其持迦底十二

薩婆婆毗輸底十三摩訶娜耶十四波唎婆廲莎訶十五

如是四大海水可知滴數是无量壽經典所生果報不可數量陀羅尼日

南謨薄伽勃底一阿波唎蜜多二阿喻紇硯娜三須毗你尸栺多四囉佐耶五怛他羯他耶六怛

姪他唵七薩婆桑悉迦囉八波唎輸底九達磨底十伽迦娜十一莎訶其持迦底十二薩婆婆

[illegible]

姪他唵七薩婆桒迦悉囉八波唎輸底九達磨底十伽迦娜十一莎呵其持迦底十二薩婆婆
毗輸底十三摩訶娜耶十四波唎婆嚟莎呵十五
尼曰
若自書使人書寫是无量壽經典，又能護持供養，即如恭敬供養一切十方佛土如來，无有別異。陁羅
南謨薄伽勃底一阿波唎蜜多二阿喻紇硯娜三須毗你尸指多四囉佐耶五怛他羯
他耶六怛姪他唵七薩婆桒悉迦囉八波唎輸底九達磨底十伽迦娜十一莎呵其持迦底十二薩
婆婆毗輸底十三摩訶娜耶十四波唎婆嚟莎呵十五

布施力能成正覺　悟布施力人師子　布施力能聲普聞　慈悲階漸最能入
持戒力能成正覺　悟持戒力人師子　持戒力能聲普聞　慈悲階漸最能入
忍辱力能成正覺　悟忍辱力人師子　忍辱力能聲普聞　慈悲階漸最能入
精進力能成正覺　悟精進力人師子　精進力能聲普聞　慈悲階漸最能入
禪定力能成正覺　悟禪定力人師子　禪定力能聲普聞　慈悲階漸最能入
智慧力能成正覺　悟禪慧力人師子　智慧力能聲普聞　慈悲階漸最能入

尒時如來說是經已，一切世間天人阿脩羅揵闥婆等，聞佛所說，皆大歡喜，信受奉行。

佛說无量壽宗要經

索慎言

BD00025　無量壽宗要經（甲本）

BD00026 妙法蓮華經卷七

（後秦）鳩摩羅什 譯

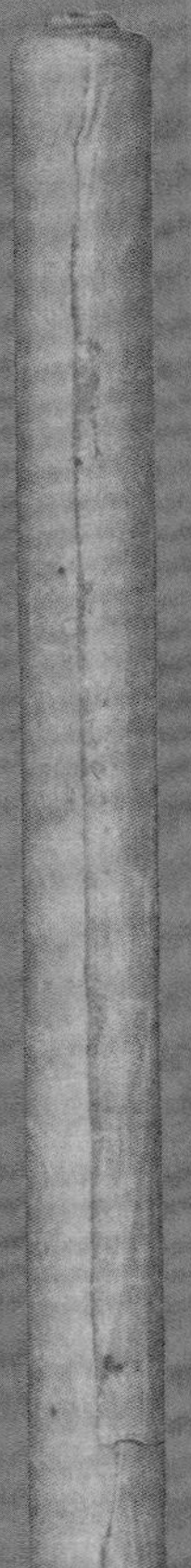

69cm × 26cm

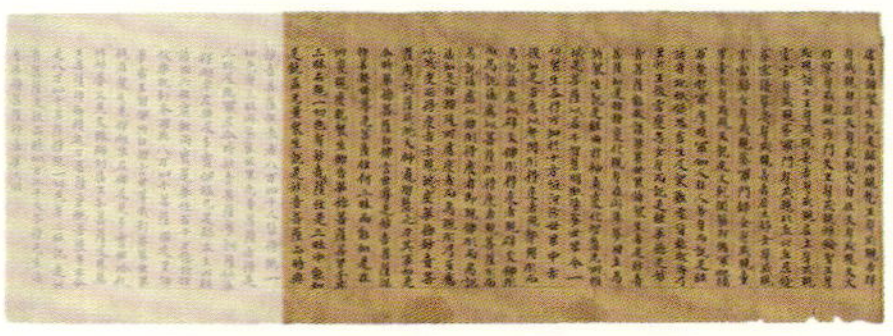

處為諸衆生説是經典現梵王身或現帝釋
身或現自在天身或現大自在天身或現天大
將軍身或現毗沙門天王身或現轉輪聖王身
或現諸小王身或現長者身或現居士身或現
宰官身或現婆羅門身或現比丘比丘尼優
婆塞優婆夷身或現長者居士婦女身或現
宰官婦女身或現婆羅門婦女身或現童
男童女身或現天龍夜叉乾闥婆阿脩羅迦樓
羅緊那羅摩睺羅伽人非人等身而説是經
諸有地獄餓鬼畜生及衆難處皆能救濟乃
至於王後宮變為女身而説是經華德是妙
音菩薩能救護娑婆世界諸衆生者是妙音
菩薩如是種種變化現身在此娑婆國土為
諸衆生説是經典於神通變化智慧無所損

減是菩薩以若干智慧明照娑婆世界令一
切衆生各得所知於十方恒河沙世界中亦
復如是若應以聲聞形得度者現聲聞形而
為說法應以辟支佛形得度者現辟支佛形
而為說法應以菩薩形得度者現菩薩形而
為說法應以佛形得度者即現佛形而為說
法如是種種隨所應度者而為現形乃至應
以滅度而得度者示現滅度華德妙音菩
薩摩訶薩成就大神通智慧之力其事如是
尒時華德菩薩白佛言世尊是妙音菩薩深
種善根世尊是菩薩住何三昧而能如是在
所變現度脫衆生佛告華德菩薩善男子其
三昧名現一切色身妙音菩薩住是三昧中能如
是饒益无量衆生說是妙音菩薩品時與

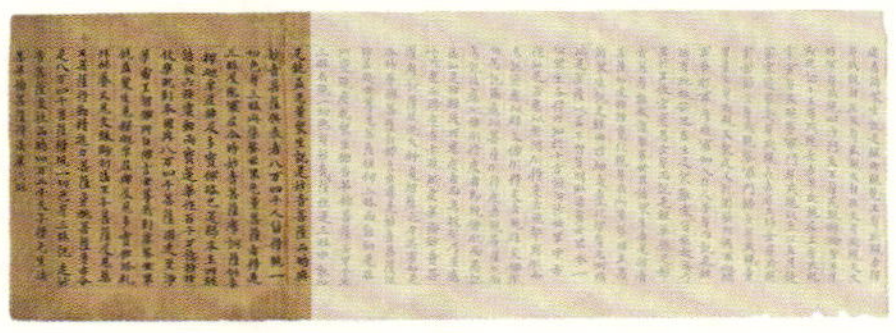

是饒益无量衆生說是妙音菩薩品時與
妙音菩薩俱來者八万四千人皆得現一
切色身三昧此娑婆世界无量菩薩亦得是
三昧及陁羅尼尒時妙音菩薩摩訶薩供養
釋迦牟尼佛及多寶佛塔已還歸本土所經
諸國六種震動雨寶蓮華作百千万億種種
伎樂既到本國與八万四千菩薩圍遶至淨
華宿王智佛所白佛言世尊我到娑婆世界
饒益衆生見釋迦牟尼佛及見多寶佛塔礼
拜供養又見文殊師利法王子菩薩及見藥
王菩薩得勤精進力菩薩勇施菩薩等亦令
是八万四千菩薩得現一切色身三昧說是妙
音菩薩來往品時四万二千天子得无生法
忍華德菩薩得法華三昧

BD00027 觀世音經

（後秦）鳩摩羅什 譯

176.7cm × 25.2cm

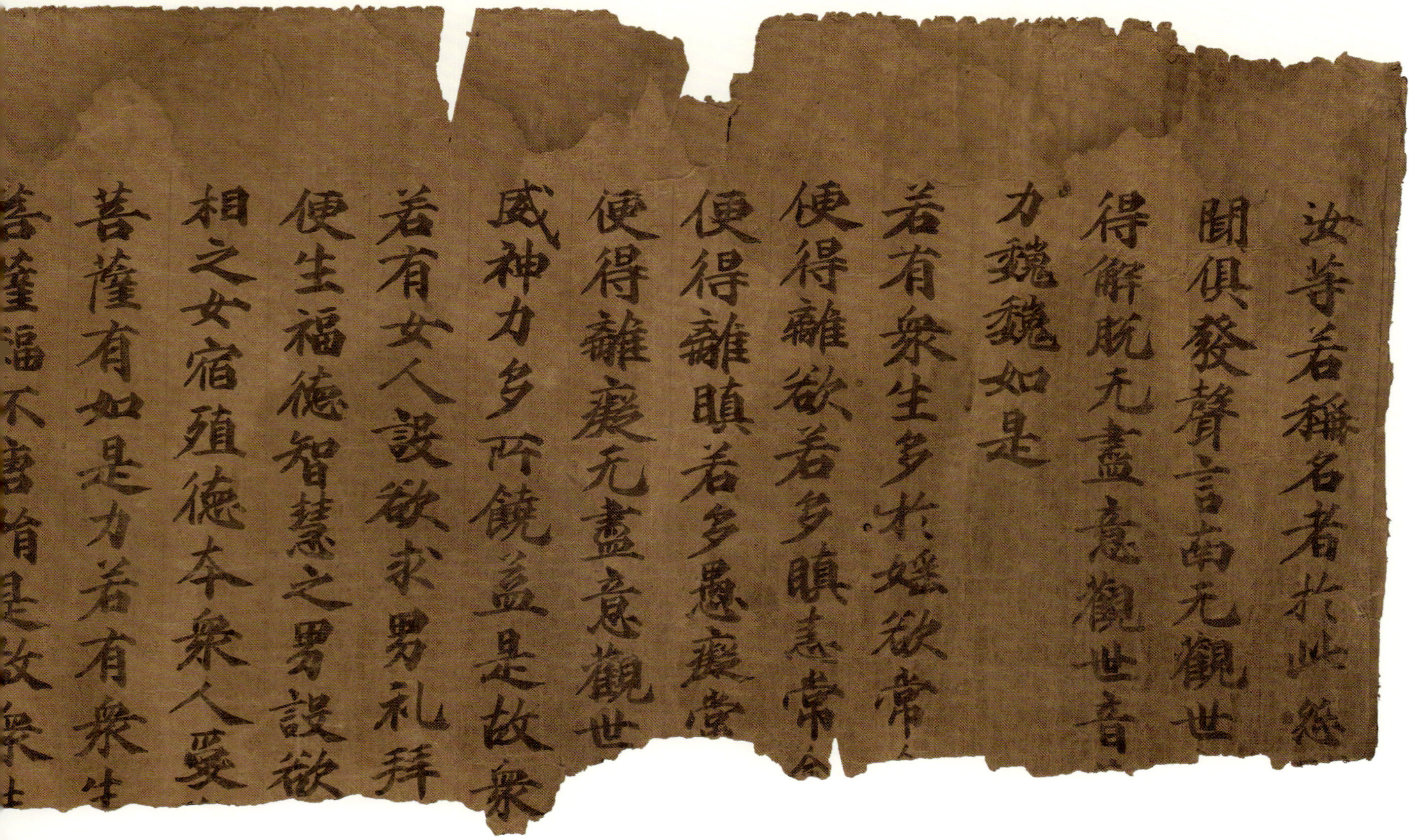

汝等若稱名者於此怨
聞俱發聲言南无觀世
得解脱无盡意觀世音
力巍巍如是
若有衆生多於婬欲常
便得離欲若多瞋恚常
便得離瞋若多愚癡常
便得離癡无盡意觀世
威神力多所饒益是故衆
若有女人設欲求男礼拜
便生福德智慧之男設欲
相之女宿殖德本衆人愛
菩薩有如是力若有衆
菩薩福不唐捐是故衆

菩薩名号无盡意若有人受持六十二億
河沙菩薩名字復盡形供養飲食衣服卧具
醫藥於汝意云何是善男子善女人功德多
不无盡意言甚多世尊佛言若復有人受持
觀世音菩薩名号乃至一時礼拜供養是二
人福正等无異於百千万億劫不可窮盡无
盡意受持觀世音菩薩名号得如是无量无
邊福德之利
无盡意菩薩白佛言世尊觀世音菩薩云何
遊此娑婆世界云何而為衆生說法方便之
力其事云何佛告无盡意菩薩善男子若有
國土衆生應以佛身得度者觀世音菩薩即
現佛身而為說法應以辟支佛身得度者即
現辟支佛身而為說法應以聲聞身得度者

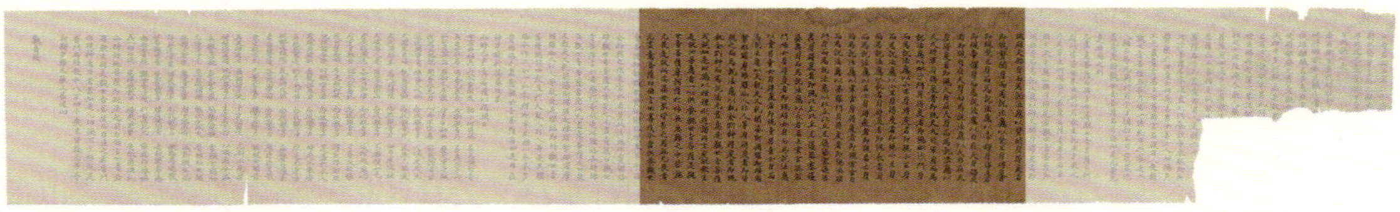

現辟支佛身而為說法應以聲聞身得度者
即現聲聞身而為說法應以梵王身得度者
即現梵王身而為說法應以帝釋身得度者
即現帝釋身而為說法應以自在天身得度
者即現自在天身而為說法應以大自在天
身得度者即現大自在天身而為說法應以
天大將軍身得度者即現天大將軍身而為
說法應以毗沙門身得度者即現毗沙門身
而為說法應以小王身得度者即現小王身
而為說法應以小王身得度者即現小王身
而為說法應以長者身得度者即現長者身
而為說法應以居士身得度者即現居士身
而為說法應以宰官身得度者即現宰官身
而為說法應以婆羅門身得度者即現婆羅

門身而為說法應以比丘比丘尼優婆塞優婆
夷身得度者即現比丘比丘尼優婆塞優
婆夷身而為說法應以長者居士宰官婆羅
門婦女身得度者即現婦女身而為說法應
以童男童女身得度者即現童男童女身而
為說法應以天龍夜叉乾闥婆阿脩羅迦樓羅
緊那羅摩睺羅伽人非人等身得度者即皆
現之而為說法應以執金剛神得度者即現
執金剛神而為說法无盡意是觀世音菩薩
成就如是功德以種種形遊諸國土度脫眾生
是故汝等應當一心供養觀世音菩薩是觀
世音菩薩摩訶薩於怖畏急難之中能施
无畏是故此娑婆世界皆號之為施无畏者
无盡意菩薩白佛言世尊我今當供養觀世

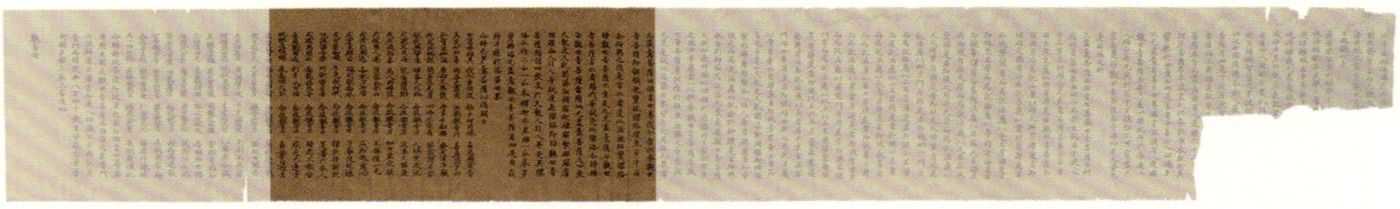

无盡意菩薩白佛言世尊我今當供養觀世
音菩薩即解頸衆寶珠瓔珞價直百千兩
金而與之作是言仁者受此法施珎寶瓔珞
時觀世音菩薩不肯受之无盡意復白觀世
音菩薩言仁者愍我等故受此瓔珞尒時佛
告觀世音菩薩當愍此无盡意菩薩及四衆
天龍夜叉乾闥婆阿脩羅迦樓羅緊那羅摩
睺羅伽人非人等故受是瓔珞即時觀世音
菩薩愍諸四衆及於天龍人非人等受其瓔
珞分作二分一分奉釋迦牟尼佛一分奉多
寶佛塔无盡意觀世音菩薩有如是自在
神力遊於娑婆世界
尒時无盡意菩薩以偈問曰
世尊妙相具　我今重問彼　佛子何因緣　名爲觀世音

具足妙相尊 偈答无盡意 汝聽觀音行 善應諸方所
弘誓深如海 歷劫不思議 侍多千劫佛 發大清淨願
我為汝略說 聞名及見身 心念不空過 能滅諸有苦
假使興害意 推落大火坑 念彼觀音力 火坑變成池
或漂流巨海 龍魚諸鬼難 念彼觀音力 波浪不能沒
或在須彌峯 為人所推墮 念彼觀音力 如日虗空住
或被惡人逐 墮落金剛山 念彼觀音力 不能損一毛
或值怨賊遶 各執刀加害 念彼觀音力 咸即起慈心
或遭王難苦 臨刑欲壽終 念彼觀音力 刀尋段段壞
或囚禁枷鎖 手足被杻械 念彼觀音力 釋然得解脫
呪詛諸毒藥 所欲害身者 念彼觀音力 還著於本人
或遇惡羅剎 毒龍諸鬼等 念彼觀音力 時悉不敢害
若惡獸圍遶 利牙爪可怖 念彼觀音力 疾走无邊方
蚖蛇及蝮蝎 氣毒煙火然 念彼觀音力 尋聲自迴去
雲雷鼓掣電 降雹澍大雨 念彼觀音力 應時得消散

蚖虵及蝮蝎　氣毒烟火燃　念彼觀音力　尋聲自迴去
雲雷鼓掣電　降雹澍大雨　念彼觀音力　應時得消散
衆生被困厄　无量苦逼身　觀音妙智力　能救世間苦
具足神通力　廣脩智方便　十方諸國土　无刹不見身
種種諸惡趣　地獄鬼畜生　生老病死苦　以漸悉令滅
真觀清淨觀　廣大智慧觀　悲觀及慈觀　當願常瞻仰
无垢清淨光　慧日破諸闇　能伏灾風火　普明照世間
悲體戒雷震　慈意妙大雲　澍甘露法雨　滅除煩惱焰
諍訟經官處　怖畏軍陣中　念彼觀音力　衆怨悉退散
妙音觀世音　梵音海潮音　勝彼世間音　是故須常念
念念勿生疑　觀世音淨聖　於苦惱死厄　能爲作依怙
具一切功德　慈眼視衆生　福聚海无量　是故應頂礼
尒時持地菩薩即從座起前白佛言世尊若
有衆生聞是觀世音菩薩品自在之業普門

示現神通力者當知是人功德不少佛說是

普門品時衆中八万四千衆生皆發无等等

阿耨多羅三藐三菩提心

觀音経

BD00028 妙法蓮華經卷五

（後秦）鳩摩羅什 譯

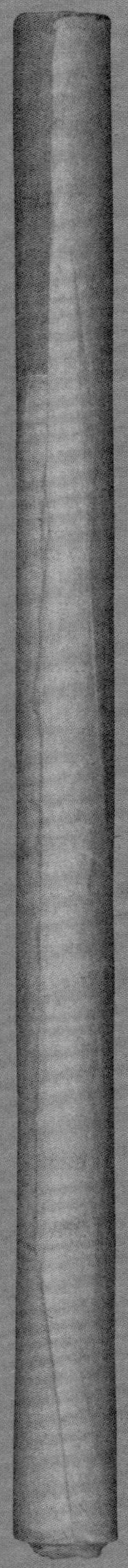

44.5cm × 24.8cm

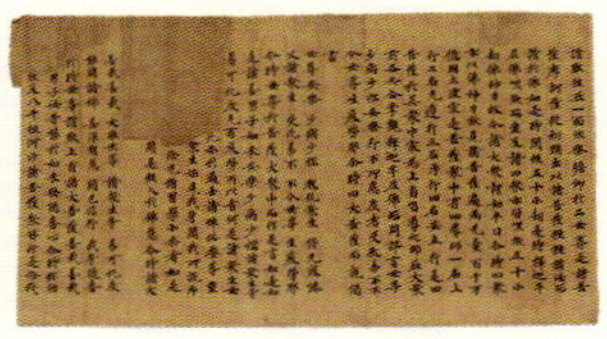

讚歎住在一面欣樂瞻仰於二世尊是諸菩
薩摩訶薩從初踊出以諸菩薩種種讚法而
讚於佛如是時間經五十小劫是時釋迦牟
尼佛嘿然而坐及諸四衆亦皆嘿然五十小
劫佛神力故令諸大衆謂如半日尒時四衆
亦以佛神力故見諸菩薩遍滿无量百千万
億國土虛空是菩薩衆中有四導師一名上
行二名无邊行三名淨行四名安立行是四
菩薩於其衆中最為上首唱導之師在大衆
前各共合掌觀釋迦牟尼佛而問訊言世尊
少病少惱安樂行不所應度者受教易不不
令世尊生疲勞耶尒時四大菩薩而說偈
言
世尊安樂　少病少惱　教化衆生　得无疲倦

又諸衆生 受化易不 不令世尊 生疲勞耶
尒時世尊於菩薩大衆中而作是言 如是如
是諸善男子 如來安樂 少病少惱 諸衆生等
易可化度 无有疲勞 所以者何 是諸衆生 世世
化亦於過去諸佛供養尊重
衆生始見我身聞我所說即
除先脩習學小乘者 如是
聞是經入於佛慧 尒時諸大
善哉善哉 大雄世尊 諸衆生等 易可化度
能問諸佛 甚深智慧 聞已信行 我等隨喜
於時世尊讚歎上首諸大菩薩 善哉善哉善
男子 汝等能於如來發隨喜心 尒時彌勒
薩及八千恒河沙諸菩薩衆皆作是念 我

BD00029

妙法蓮華經卷一

（後秦）鳩摩羅什 譯

547.9cm × 25.1cm

脩梵行皆為法師已於千万佛所植諸善本
是時日月燈明佛說大乘經名无量義教菩
薩法佛所護念說是經已即於大衆中結跏
趺坐入於无量義處三昧身心不動是時天
雨曼陁羅華摩訶曼陁羅華曼殊沙華摩
訶曼殊沙華而散佛上及諸大衆普佛世界六
種震動尒時會中比丘比丘尼優婆塞優婆
夷天龍夜叉乾闥婆阿脩羅迦樓羅緊那
羅摩睺羅伽人非人及諸小王轉輪聖王等是
諸大衆得未曾有歡喜合掌一心觀佛尒時
如來放眉間白毫相光照東方万八千佛土
靡不周遍如今所見是諸佛土弥勒當知尒
時會中有二十億菩薩樂欲聽法是諸菩薩
見此光明普照佛土得未曾有欲知此光所
為因緣時有菩薩名曰妙光有八百弟

時日月燈明佛從三昧起因妙光菩薩說大
乘經名妙法蓮華教菩薩法佛所護念六十
小劫不起于座時會聽者亦坐一處六十小
劫身心不動聽佛所說謂如食頃是時衆中
无有一人若身若心而生懈惓日月燈明佛於
六十小劫說是經已即於梵魔沙門婆羅
門及天人阿脩羅衆中而宣此言如來於今
日中夜當入无餘涅槃時有菩薩名曰德藏
日月燈明佛即授其記告諸比丘是德藏菩
薩次當作佛号曰淨身多陁阿伽度阿羅訶
三藐三佛陁佛授記已便於中夜入无餘涅
槃佛滅度後妙光菩薩持妙法蓮華經滿八
十小劫為人演說日月燈明佛八子皆師妙
光妙光教化令其堅固阿耨多羅三藐三菩
提是諸王子供養无量百千万億佛已皆成
佛道其最後成佛者名曰燃燈八百弟子中

提是諸王子供養无量百千万億佛已皆成
佛道其冣後成佛者名曰燃燈八百弟子中
有一人号曰求名貪著利養雖復讀誦衆經
而不通利多所忘失故号求名是人亦以種
諸善根因緣故得值无量百千万億諸佛供
養恭敬尊重讚歎弥勒當知尒時妙光菩薩
豈異人乎我身是也求名菩薩汝身是也今
見此瑞與本无異是故惟忖今日如來當說
大乘經名妙法蓮華教菩薩法佛所護念尒
時文殊師利於大衆中欲重宣此義而說偈
言

我念過去世　无量无數劫　有佛人中尊　号日月燈明
世尊演說法　度无量衆生　无數億菩薩　令入佛智慧
佛未出家時　所生八王子　見大聖出家　亦隨脩梵行
時佛說大乘　經名无量義　於諸大衆中　而為廣分別
佛說此經已　即於法座上　加趺坐三昧　名无量義處

天雨曼陀華　天鼓自然鳴　諸天龍鬼神　供養人中尊
一切諸佛土　即時大震動　佛放眉間光　現諸希有事
此光照東方　万八千佛土　示一切衆生　生死業報處
有見諸佛土　以衆寶莊嚴　琉璃頗梨色　斯由佛光照
及見諸天人　龍神夜叉衆　乹闥緊那羅　各供養其佛
又見諸如來　自然成佛道　身色如金山　端嚴甚微妙
如淨琉璃中　內現真金像　世尊在大衆　敷演深法義
一一諸佛土　聲聞衆无數　因佛光所照　悉見彼大衆
或有諸比丘　在於山林中　精進持淨戒　猶如護明珠
又見諸菩薩　行施忍辱等　其數如恒沙　斯由佛光照
又見諸菩薩　深入諸禪定　身心寂不動　以求无上道
又見諸菩薩　知法寂滅相　各於其國土　說法求佛道
尒時四部衆　見日月燈佛　現大神通力　其心皆歡喜
各各自相問　是事何因緣　天人所奉尊　適從三昧起
讚妙光菩薩　汝為世間眼　一切所歸信　能奉持法藏
如我所說法　唯汝能證知　世尊既讚歎　令妙光歡喜

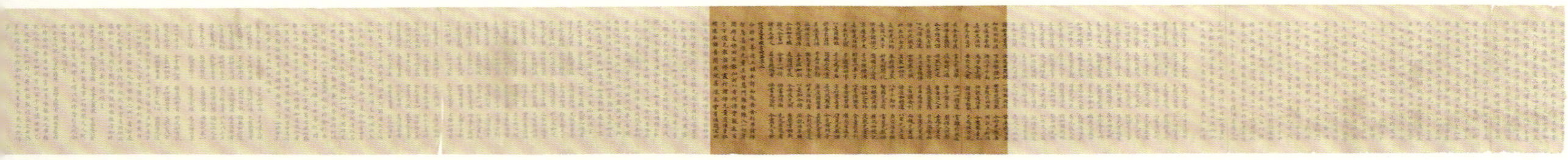

讚妙光菩薩　汝為世間眼　一切所歸信　能奉持法藏
如我所說法　唯汝能證知　世尊既讚歎　令妙光歡喜
說是法華經　滿六十小劫　不起於此座　所說上妙法
是妙光法師　悉皆能受持　佛說是法華　令衆歡喜已
尋即於是日　告於天人衆　諸法實相義　已為汝等說
我今於中夜　當入於涅槃　汝一心精進　當離於放逸
諸佛甚難值　億劫時一遇　世尊諸子等　聞佛入涅槃
各各懷悲惱　佛滅一何速　聖主法之王　安慰无量衆
我若滅度時　汝等勿憂怖　是德藏菩薩　於無漏實相
心已得通達　其次當作佛　号曰為淨身　亦度无量衆
佛此夜滅度　如薪盡火滅　分布諸舍利　而起无量塔
比丘比丘尼　其數如恒沙　倍復加精進　以求无上道
是妙光法師　奉持佛法藏　八十小劫中　廣宣法華經
是諸八王子　妙光所開化　堅固无上道　當見无數佛
供養諸佛已　隨順行大道　相繼得成佛　轉次而授記
冣後天中天　号曰然燈佛　諸仙之導師　度脫无量衆

是妙光法師　時有一弟子　心常懷懈怠　貪著扵名利
求名利无猒　多遊族姓家　棄捨所習誦　廢忘不通利
以是因緣故　号之為求名　亦行衆善業　得見无數佛
供養扵諸佛　隨順行大道　具六波羅蜜　今見釋師子
其後當作佛　号名曰弥勒　廣度諸衆生　其數无有量
彼佛滅度後　懈怠者汝是　妙光法師者　今則我身是
我見燈明佛　本光瑞如此　以是知今佛　欲說法華經
今相如本瑞　是諸佛方便　今佛放光明　助發實相義
諸人今當知　合掌一心待　佛當雨法雨　充足求道者
諸求三乘人　若有疑悔者　佛當為除斷　令盡无有餘

妙法蓮華經方便品第二

尒時世尊從三昧安詳而起告舍利弗諸佛智慧甚深无量其智慧門難解難入一切聲聞辟支佛所不能知所以者何佛曾親近百千万億无數諸佛盡行諸佛无量道法勇猛精進名稱普聞成就甚深未曾有法隨宜所

千萬億无數諸佛盡行諸佛无量道法勇猛
精進名稱普聞成就甚深未曾有法隨宜所
說意趣難解舍利弗吾從成佛已來種種因
緣種種譬喻廣演言教无數方便引導衆生
令離諸著所以者何如來方便知見波羅蜜
皆已具足舍利弗如來知見廣大深遠无量
无礙力无所畏禪定解脫三昧深入无際成
就一切未曾有法舍利弗如來能種種分別
巧說諸法言辭柔軟悅可衆心舍利弗取要
言之无量无邊未曾有法佛悉成就止舍利
弗不須復說所以者何佛所成就第一希有
難解之法唯佛與佛乃能究盡諸法實相
所謂諸法如是相如是性如是體如是力如是
作如是因如是緣如是果如是報如是本末
究竟等尒時世尊欲重宣此義而說偈言
世雄不可量　諸天及世人　一切衆生類　无能知佛者

佛力无所畏　解脫諸三昧　及佛諸餘法　无能測量者
本從无數佛　具足行諸道　甚深微妙法　難見難可了
於无量億劫　行此諸道已　道場得成果　我已悉知見
如是大果報　種種性相義　我及十方佛　乃能知是事
是法不可示　言辭相寂滅　諸餘衆生類　无有能得解
除諸菩薩衆　信力堅固者　諸佛弟子衆　曾供養諸佛
一切漏已盡　住是最後身　如是諸人等　其力所不堪
假使滿世間　皆如舍利弗　盡思共度量　不能測佛智
正使滿十方　皆如舍利弗　及餘諸弟子　亦滿十方刹
盡思共度量　亦復不能知　辟支佛利智　无漏最後身
亦滿十方界　其數如竹林　斯等共一心　於億无量劫
欲思佛實智　莫能知少分　新發意菩薩　供養无數佛
了達諸義趣　又能善說法　如稲麻竹葦　充滿十方刹
一心以妙智　於恒河沙劫　咸皆共思量　不能知佛智
不退諸菩薩　其數如恒沙　一心共思求　亦復不能知

不退諸菩薩　其數如恒沙　一心共思求　亦復不能知
又告舍利弗　无漏不思議　甚深微妙法　我今已具得
唯我知是相　十方佛亦然　舍利弗當知　諸佛語无異
於佛所說法　當生大信力　世尊法久後　要當說真實
告諸聲聞衆　及求緣覺乘　我令脫苦縛　逮得涅槃者
佛以方便力　示以三乘教　衆生處處著　引之令得出
尒時大衆中有諸聲聞漏盡阿羅漢阿若憍
陳如等千二百人及發聲聞辟支佛心比丘
比丘尼優婆塞優婆夷各作是念今者世尊
何故慇懃稱歎方便而作是言佛所得法甚
深難解有所言說意趣難知一切聲聞辟支
佛所不能及佛說一解脫義我等亦得此法
到於涅槃而今不知是義所趣尒時舍利弗
知四衆心疑自亦未了而白佛言世尊何因
何緣慇懃稱歎諸佛第一方便甚深微妙難
解之法我自昔來未曾從佛聞如是說今者

四衆咸皆有疑唯願世尊敷演斯事世尊何
故慇懃稱歎甚深微妙難解之法尒時舍利
弗欲重宣此義而説偈言
慧日大聖尊　久乃説是法　自説得如是　力无畏三昧
禪定解脱等　不可思議法　道場所得法　无能發問者
我意難可測　亦无能問者　无問而自説　稱歎所行道
智慧甚深妙　諸佛之所得　无漏諸羅漢　及求涅槃者
今皆墮疑網　佛何故説是　其求緣覺者　比丘比丘尼
諸天龍鬼神　及乾闥婆等　相視懷猶豫　瞻仰兩足尊
是事爲云何　願佛爲解説　於諸聲聞衆　佛説我第一
我今自於智　疑或不能了　爲是究竟法　爲是所行道
佛口所生子　合掌瞻仰待　願出微妙音　時爲如實説
諸天龍神等　其數如恒沙　求佛諸菩薩　大數有八万
又諸万億國　轉輪聖王至　合掌以敬心　欲聞具足道
尒時佛告舍利弗止止不須復説若説是事

尒時佛告舍利弗止止不須復說若說是事
一切世間諸天及人皆當驚疑舍利弗重白
佛言世尊唯願說之唯願說之所以者何是
會无數百千万億阿僧祇衆生曽見諸佛諸
根猛利智慧明了聞佛所說則能敬信尒時
舍利弗欲重宣此義而說偈言
法王无上尊　唯說願勿慮　是會无量衆　有能敬信者
佛復止舍利弗若說是事一切世間天人阿
脩羅皆當驚疑增上慢比丘將墜於大坑尒
時世尊重說偈言
止止不須說　我法妙難思　諸增上慢者　聞必不敬信
尒時舍利弗重白佛言世尊唯願說之唯願
說之今此會中如我等比百千万億世世已
曽從佛受化如此人等必能敬信長夜安隱
多所饒益尒時舍利弗欲重宣此義而說偈
言

无上兩足尊　願說第一法　我爲佛長子　唯垂分別說
是會无量衆　能敬信此法　佛已曾世世　教化如是等
皆一心合掌　欲聽受佛語　我等千二百　及餘求佛者
願爲此衆故　唯垂分別說　是等聞此法　則生大歡喜
尒時世尊告舍利弗汝已慇懃三請豈得不
說汝今諦聽善思念之吾當爲汝分別解說
說此語時會中有比丘比丘尼優婆塞優婆
夷五千人等即從座起礼佛而退所以者何
此輩罪根深重及增上慢未得謂得未證謂
證有如此失是以不住世尊黙然而不制止
尒時佛告舍利弗我今此衆无復枝葉純有
貞實舍利弗如是增上慢人退亦佳矣汝今
善聽當爲汝說舍利弗言唯然世尊願樂欲
聞佛告舍利弗如是妙法諸佛如來時乃說
之如優曇鉢華時一現耳舍利弗汝等當信

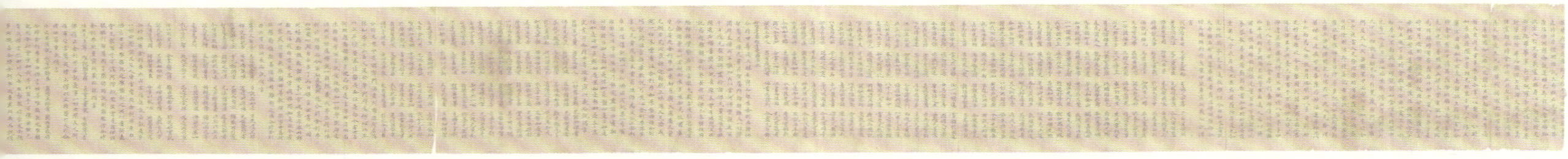

之如優曇鉢華時一現耳舍利弗汝等當信
佛之所說言不虛妄舍利弗諸佛隨宜說法
意趣難解所以者何我以无數方便種種因
緣譬喻言辭演說諸法是法非思量分別之
所能解唯有諸佛乃能知之所以者何諸佛
世尊唯以一大事因緣故出現於世舍利弗
云何名諸佛世尊唯以一大事因緣故出現
於世諸佛世尊欲令衆生開佛知見使得清
淨故出現於世欲示衆生佛知見故出現於
世欲令衆生悟佛知見故出見於世欲令衆
生入佛知見道故出現於世舍利弗是為諸
佛以一大事因緣故出現於世佛告舍利弗
諸佛如來但教化菩薩諸有所作常為一事
唯以佛之知見示悟衆生舍利弗如來但以一
佛乘故為衆生說法无有餘乘若二若三
舍利弗一切十方諸佛法亦如是舍利弗過

去諸佛以无量无數方便種種因緣譬喻言
辭而為眾生演說諸法是法皆為一佛乘故
是諸眾生從諸佛聞法究竟皆得一切種智
舍利弗未來諸佛當出於世亦以无量无數
方便種種因緣譬喻言辭而為眾生演說諸
法是法皆為一佛乘故是諸眾生從佛聞法
究竟皆得一切種智舍利弗現在十方无量
百千万億佛土中諸佛世尊多所饒益安樂
眾生是諸佛亦以无量无數方便種種因緣
譬喻言辭而為眾生演說諸法是法皆為一
佛乘故是諸眾生從佛聞法究竟皆得一切
種智舍利弗是諸佛但教化菩薩欲以佛之
知見示眾生故欲以佛之知見悟眾生故欲
令眾生入佛之知見故舍利弗我今亦復如
是知諸眾生有種種欲深心所著隨其本性
以種種因緣譬喻言辭方便力故而為說法

以種種因緣譬喻言辭方便力故而爲說法
舍利弗如此皆爲得一佛乘一切種智故舍
利弗十方世界中尚无二乘何況有三舍利
弗諸佛出於五濁惡世所謂劫濁煩惱濁衆
生濁見濁命濁如是舍利弗劫濁亂時衆生
垢重慳貪嫉妬成就諸不善根故諸佛以方
便力於一佛乘分別說三舍利弗若我弟子
自謂阿羅漢辟支佛者不聞不知諸佛如來
但教化菩薩事此非佛弟子非阿羅漢非辟
支佛又舍利弗是諸比丘比丘尼自謂已得
阿羅漢是最後身究竟涅槃便不復志求阿
耨多羅三藐三菩提當知此輩皆是增上慢
人所以者何若有比丘實得阿羅漢若不信
此法无有是處除佛滅度後現前无佛所以
者何佛滅度後如是等經受持讀誦解義者
是人難得若遇餘佛於此法中便得決了舍

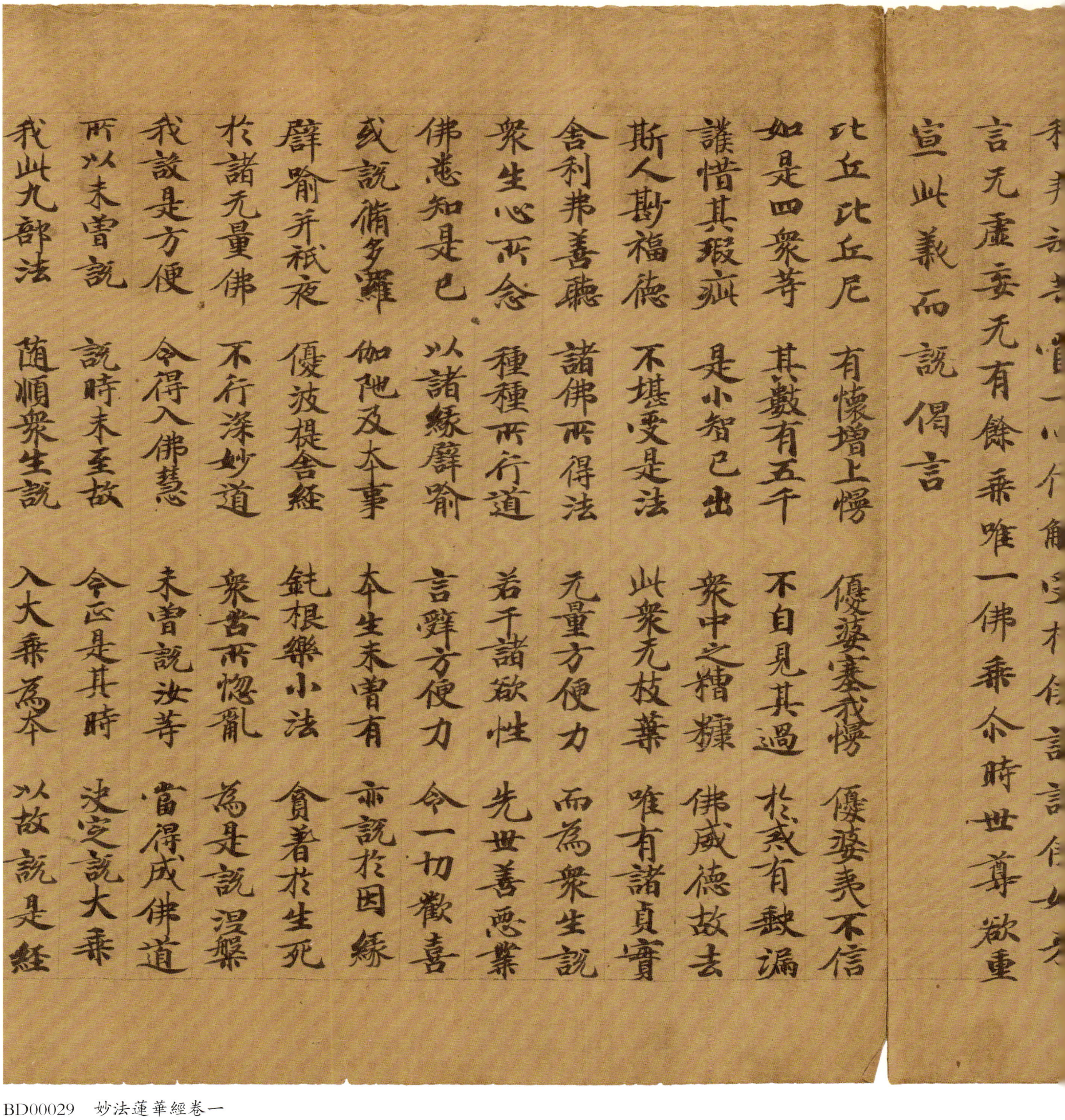

言无虛妄无有餘乘唯一佛乘尒時世尊欲重
宣此義而說偈言
比丘比丘尼　有懷增上慢　優婆塞我慢　優婆夷不信
如是四眾等　其數有五千　不自見其過　於戒有缺漏
護惜其瑕疵　是小智已出　眾中之糟糠　佛威德故去
斯人尠福德　不堪受是法　此眾无枝葉　唯有諸貞實
舍利弗善聽　諸佛所得法　无量方便力　而為眾生說
眾生心所念　種種所行道　若干諸欲性　先世善惡業
佛悉知是已　以諸緣譬喻　言辭方便力　令一切歡喜
或說脩多羅　伽陀及本事　本生未曾有　亦說於因緣
譬喻并祇夜　優波提舍經　鈍根樂小法　貪著於生死
於諸无量佛　不行深妙道　眾苦所惱亂　為是說涅槃
我設是方便　令得入佛慧　未曾說汝等　當得成佛道
所以未曾說　說時未至故　今正是其時　決定說大乘
我此九部法　隨順眾生說　入大乘為本　以故說是經

BD00029　妙法蓮華經卷一

我此九部法　隨順衆生說　入大乘爲本　以故說是經
有佛子心淨　柔軟亦利根　无量諸佛所　而行深妙道
爲此諸佛子　說是大乘經　我記如是人　來世成佛道
以深心念佛　脩持淨戒故　此等聞得佛　大喜充遍身
佛知彼心行　故爲說大乘　聲聞若菩薩　聞我所說法
乃至於一偈　皆成佛无疑　十方佛土中　唯有一乘法
无二亦无三　除佛方便說　但以假名字　引導於衆生
說佛智慧故　諸佛出於世　唯此一事實　餘二則非真
終不以小乘　濟度於衆生　佛自住大乘　如其所得法
定慧力莊嚴　以此度衆生　自證无上道　大乘平等法
若以小乘化　乃至於一人　我則墮慳貪　此事爲不可
若人信歸佛　如來不欺誑　亦无貪嫉意　斷諸法中惡
故佛於十方　而獨无所畏　我以相嚴身　光明照世間
无量衆所尊　爲說實相印　舍利弗當知　我本立誓願
欲令一切衆　如我等無異　如我昔所願　今者已滿足
化一切衆生　皆令入佛道　若我遇衆生　盡教以佛道

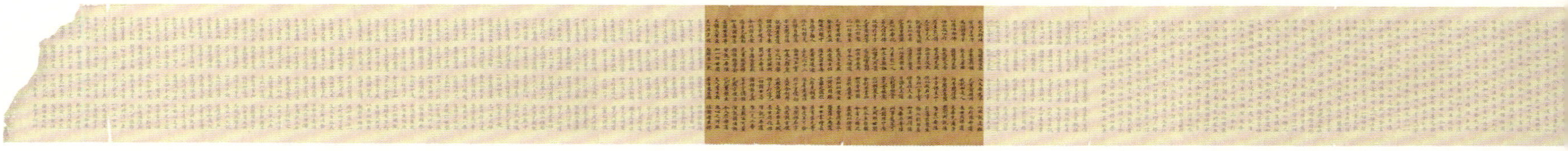

无智者錯亂　迷惑不受教　我知此衆生　未曾脩善本
堅著於五欲　癡愛故生惱　以諸欲因緣　墜墮三惡道
輪迴六趣中　備受諸苦毒　受胎之微形　世世常增長
薄德少福人　衆苦所逼迫　入耶見稠林　若有若无等
依止此諸見　具足六十二　深著虛妄法　堅受不可捨
我慢自矜高　諂曲心不實　於千万億劫　不聞佛名字
亦不聞正法　如是人難度　是故舍利弗　我為設方便
說諸盡苦道　示之以涅槃　我雖說涅槃　是亦非真滅
諸法從本來　常自寂滅相　佛子行道已　來世得作佛
我有方便力　開示三乘法　一切諸世尊　皆說一乘道
今此諸大衆　皆應除疑惑　諸佛語无異　唯一无二乘
過去无數劫　无量滅度佛　百千万億種　其數不可量
如是諸世尊　種種緣譬喻　无數方便力　演說諸法相
是諸世尊等　皆說一乘法　化无量衆生　令入於佛道
又諸大聖主　知一切世間　天人群生類　深心之所欲
更以異方便　助顯第一義　若有衆生類　值諸過去佛

更以異方便　助顯第一義　若有衆生類　值諸過去佛
若聞法布施　或持戒忍辱　精進禪智等　種種脩福德
如是諸人等　皆已成佛道　諸佛滅度已　若人善耎心
如是諸衆生　皆已成佛道　諸佛滅度已　供養舍利者
起万億種塔　金銀及頗梨　車𤦲與馬瑙　玫瑰琉璃珠
清淨廣嚴飾　莊校於諸塔　或有起石廟　栴檀及沈水
木櫁并餘材　塼瓦泥土等　若於曠野中　積土成佛廟
乃至童子戲　聚沙為佛塔　如是諸人等　皆已成佛道
若人為佛故　建立諸形像　刻彫成衆相　皆已成佛道
或以七寶成　鍮石赤白銅　白鑞及鈆錫　鐵木及與泥
或以膠漆布　嚴飾作佛像　如是諸人等　皆已成佛道
綵畫作佛像　百福莊嚴相　自作若使人　皆已成佛道
乃至童子戲　若草木及筆　或以指爪甲　而畫作佛像
如是諸人等　漸漸積功德　具足大悲心　皆已成佛道
但化諸菩薩　度脫无量衆　若人於塔廟　寶像及畫像
以華香幡蓋　敬心而供養　若使人作樂　擊鼓吹角貝

簫笛琴箜篌　琵琶鐃銅鈸　如是衆妙音　盡持以供養
或以歡喜心　歌唄頌佛德　乃至一小音　皆已成佛道
若人散亂心　乃至以一華　供養於畫像　漸見无數佛
或有人礼拜　或復但合掌　乃至舉一手　或復小低頭
以此供養像　漸見無量佛　自成无上道　廣度无數衆
入无餘涅槃　如薪盡火滅　若人散亂心　入於塔廟中
一稱南无佛　皆已成佛道　於諸過去佛　在世或滅後
若有聞是法　皆已成佛道　未來諸世尊　其數无有量
是諸如來等　亦方便說法　一切諸如來　以无量方便
度脫諸衆生　入佛无漏智　若有聞法者　无一不成佛
諸佛本誓願　我所行佛道　普欲令衆生　亦同得此道
未來世諸佛　雖說百千億　无數諸法門　其實為一乘
諸佛兩足尊　知法常无性　佛種從緣起　是故說一乘
是法住法位　世間相常住　於道場知已　導師方便說
天人所供養　現在十方佛　其數如恒沙　出現於世間
安隱衆生故　亦說如是法　知第一寂滅　以方便力故

安隱衆生故　亦說如是法　知第一寂滅　以方便力故
雖示種種道　其實爲佛乘　知衆生諸行　深心之所念
過去所習業　欲性精進力　及諸根利鈍　以種種因緣
譬喻亦言辭　隨應方便說　今我亦如是　安隱衆生故
以種種法門　宣示於佛道　我以智慧力　知衆生性欲
方便說諸法　皆令得歡喜　舍利弗當知　我以佛眼觀
見六道衆生　貧窮无福慧　入生死險道　相續苦不斷
深著於五欲　如猫牛愛尾　以貪愛自蔽　盲瞑无所見
不求大勢佛　及與斷苦法　深入諸邪見　以苦欲捨苦
爲是衆生故　而起大悲心　我始坐道場　觀樹亦經行
於三七日中　思惟如是事　我所得智慧　微妙㝡第一
衆生諸根鈍　著樂癡所盲　如斯之等類　云何而可度
尒時諸梵王　及諸天帝釋　護世四天王　及大自在天
并餘諸天衆　眷屬百千万　恭敬合掌礼　請我轉法輪
我即自思惟　若但讚佛乘　衆生沒在苦　不能信是法
破法不信故　墜於三惡道　我寧不說法　疾入於涅槃

尋念過去佛　所行方便力　我今所得道　亦應說三乘
作是思惟時　十方佛皆現　梵音慰喻我　善哉釋迦文
第一之導師　得是无上法　隨諸一切佛　而用方便力
我等亦皆得　最妙第一法　為諸眾生類　分別說三乘
少智樂小法　不自信作佛　是故以方便　分別說諸果
雖復說三乘　但為教菩薩　舍利弗當知　我聞聖師子
深淨微妙音　喜稱南无佛　復作如是念　我出濁惡世
如諸佛所說　我亦隨順行　思惟是事已　即趣波羅柰
諸法寂滅相　不可以言宣　以方便力故　為五比丘說
是名轉法輪　便有涅槃音　及以阿羅漢　法僧差別名
從久遠劫來　讚示涅槃法　生死苦永盡　我常如是說
舍利弗當知　我見佛子等　志求佛道者　无量千万億
咸以恭敬心　皆來至佛所　曾從諸佛聞　方便所說法
我即作是念　所以出於世　為說佛慧故　今正是其時
舍利弗當知　鈍根小智人　著相憍慢者　不能信是法
今我喜无畏　於諸菩薩中　正直捨方便　但說无上道

BD00029　妙法蓮華經卷一

今我喜无畏　於諸菩薩中　正直捨方便　但說无上道
菩薩聞是法　疑網皆已除　千二百羅漢　悉亦當作佛
如三世諸佛　說法之儀式　我今亦如是　說無分別法
諸佛興出世　懸遠值遇難　正使出于世　說是法復難
无量无數劫　聞是法亦難　能聽是法者　斯人亦復難
譬如優曇華　一切皆愛樂　天人所希有　時時乃一出
聞法歡喜讚　乃至發一言　則為已供養　一切三世佛
是人甚希有　過於優曇華　汝等勿有疑　我為諸法王
普告諸大衆　但以一乘道　教化諸菩薩　无聲聞弟子
汝等舍利弗　聲聞及菩薩　當知是妙法　諸佛之秘要
以五濁惡世　但樂著諸欲　如是等衆生　終不求佛道
來世惡人　聞佛說一乘　迷惑不信受　破法墮惡道
愧清淨　志求佛道者　當為如是等　廣讚一乘道
知　諸佛法如是　以万億方便　隨宜而說法
不能曉了此　汝等既已知　諸佛世之師
心生大歡喜　自知當作佛

BD00030

金剛般若波羅蜜經

（後秦）鳩摩羅什 譯

286.2cm × 25.3cm

知是人成就弟一希有
則是非相是故如來說名實相
聞如是經典信解受持不足為難
後五百歲其有衆生得聞是經信
人則為弟一希有何以故此人无
衆生相壽者相所以者何我相即
相衆生相壽者相即是非相何
諸相則名諸佛
佛告須菩提如是如是若復有人
不驚不怖不畏當知是人甚為希有
須菩提如來說弟一波羅蜜非
是名弟一波羅蜜須菩提忍辱
說非忍辱波羅蜜何以故須菩提
歌利王割截身體我於尒時无我相无人相

无衆生相无壽者相何以故我於往昔節
支解時若有我相人相衆生相壽者相應生
瞋恨須菩提又念過去於五百世作忍辱仙
人於尒所世无我相无人相无衆生相无壽
者相是故須菩提菩薩應離一切相發阿耨
多羅三藐三菩提心不應住色生心不應住
聲香味觸法生心應生无所住心若心有住
則為非住是故佛說菩薩心不應住色布施
須菩提菩薩為利益一切衆生應如是布施
如来說一切諸相即是非相又說一切衆生
則非衆生須菩提如来是真語者實語者如
語者不誑語者不異語者須菩提如来所得
法此法无實无虛須菩提若菩薩心住於法
而行布施如人入闇則无所見若菩薩心不

而行布施如人入闇則无所見若菩薩心不
住法而行布施如人有目日光明照見種種
色須菩提當来之世若有善男子善女人能
於此經受持讀誦則為如来以佛智慧悉知
是人悉見是人皆得成就无量无邊功德
須菩提若有善男子善女人初日分以恒河
沙等身布施中日分復以恒河沙等身布施
後日分亦以恒河沙等身布施如是无量百
千万億劫以身布施若復有人聞此經典信
心不逆其福勝彼何況書寫受持讀誦為人
解說須菩提以要言之是經有不可思議不
可稱量无邊功德如来為發大乘者說為發
㝡上乘者說若有人能受持讀誦廣為人說
如来悉知是人悉見是人皆得成就不可量不

可稱无有邊不可思議功德如是人等則為
荷擔如來阿耨多羅三藐三菩提何以故須
菩提若樂小法者著我見人見衆生見壽者
見則於此經不能聽受讀誦為人解說須菩
提在在處處若有此經一切世間天人阿脩
羅所應供養當知此處則為是塔皆應恭敬
作礼圍繞以諸華香而散其處
復次須菩提善男子善女人受持讀誦此經
若為人輕賤是人先世罪業應墮惡道以今
世人輕賤故先世罪業則為消滅當得阿耨
多羅三藐三菩提須菩提我念過去无量阿
僧祇劫於然燈佛前得值八百四千万億那
由他諸佛悉皆供養承事无空過者若復有
人於後末世能受持讀誦此經所得功德於

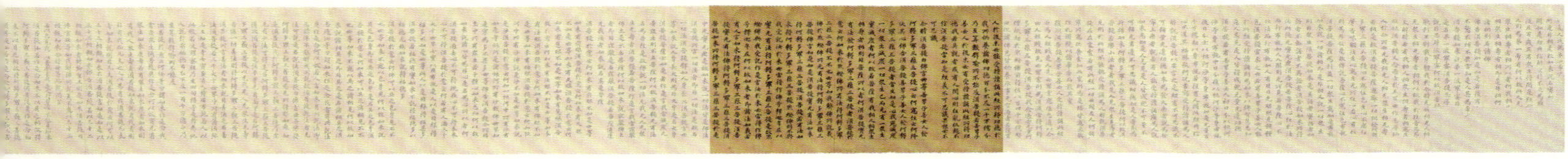

人於後末世能受持讀誦此經所得功德於
我所供養諸佛功德百分不及一千万億分
乃至筭數譬喻所不能及須菩提若善男子
善女人於後末世有受持讀誦此經所得功
德我若具說者或有人聞心則狂亂狐疑不
信須菩提當知是經義不可思議果報亦不
可思議
尒時須菩提白佛言世尊善男子善女人發
阿耨多羅三藐三菩提心云何應住云何降
伏其心佛告須菩提善男子善女人發阿耨
多羅三藐三菩提者當生如是心我應滅度
一切衆生滅度一切衆生已而无有一衆生
實滅度者何以故若菩薩有我相人相衆生
相壽者相則非菩薩所以者何須菩提實无

有法發阿耨多羅三藐三菩提者須菩提於
意云何如来於然燈佛所有法得阿耨多羅
三藐三菩提不也世尊如我解佛所說義
佛於然燈佛所无有法得阿耨多羅三藐三
菩提佛言如是如是須菩提實无有法如来
得阿耨多羅三藐三菩提須菩提若有法如
来得阿耨多羅三藐三菩提然燈佛則不與
我受記汝於来世當得作佛号釋迦牟尼以
實无有法得阿耨多羅三藐三菩提是故然
燈佛與我受記作是言汝於来世當得作佛
号釋迦牟尼何以故如来者即諸法如義若
有人言如来得阿耨多羅三藐三菩提須菩
提實无有法佛得阿耨多羅三藐三菩提須
菩提如来所得阿耨多羅三藐三菩提於是

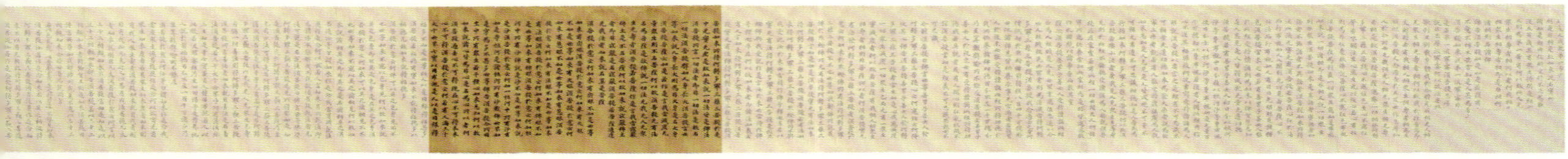

菩提如来所得阿耨多羅三藐三菩提於是
中无實无虚是故如来說一切法皆是佛法
須菩提所言一切法者即非一切法是故名
一切法須菩提辟如人身長大須菩提言世
尊如来說人身長大則為非大身是名大身
須菩提菩薩亦如是若作是言我當滅度无
量衆生則不名菩薩何以故須菩提无有法
名為菩薩是故佛說一切法无我无人无衆
生无壽者須菩提若菩薩作是言我當莊嚴
佛土是不名菩薩何以故如来說莊嚴佛土
者即非莊嚴是名莊嚴須菩提若菩薩通達
无我法者如来說名真是菩薩
須菩提於意云何如来有宍眼不如是世尊
如来有宍眼須菩提於意云何如来有天眼

不如是世尊如来有天眼須菩提於意云何
如来有慧眼不如是世尊如来有慧眼須菩
提於意云何如来有法眼不如是世尊如来
有法眼須菩提於意云何如来有佛眼不如
是世尊如来有佛眼須菩提於意云何如恒
河中所有沙佛說是沙不如是世尊如来說
是沙須菩提於意云何如一恒河中所有沙有
如是等恒河是諸恒河所有沙數佛世界如
是寧為多不甚多世尊佛告須菩提尒所國
土中所有衆生若干種心如来悉知何以故
如来說諸心皆為非心是名為心所以者何
須菩提過去心不可得現在心不可得未来
心不可得須菩提於意云何若有人滿三千
大千世界七寶以用布施是人以是因緣得

大千世界七寶以用布施是人以是因緣得
福多不如是世尊此人以是因緣得福甚多
須菩提若福德有實如来不說得福德多以
福德无故如来說得福德多
須菩提於意云何佛可以具足色身見不不
也世尊如来不應以色身見何以故如来說
具足色身即非具足色身是名具足色身須
菩提於意云何如来可以具足諸相見不不
也世尊如来不應以具足諸相見何以故如
来說諸相具足即非具足是名諸相具足須
菩提汝等勿謂如来作是念我當有所說法
莫作是念何以故若人言如来有所說法即
為謗佛不能解我所說故須菩提說法者无
法可說是名說法須菩提白佛言世尊佛得

阿耨多羅三藐三菩提為无所得耶如是如
是須菩提我於阿耨多羅三藐三菩提乃至
无有少法可得是名阿耨多羅三藐三菩提
復次須菩提是法平等无有高下是名阿耨
多羅三藐三菩提以无我无人无衆生无壽
者脩一切善法則得阿耨多羅三藐三菩提
須菩提所言善法者如來說非善法是名善
法須菩提若三千大千世界中所有諸須弥
山王如是等七寶聚有人持用布施若人以
此般若波羅蜜經乃至四句偈等受持為他
人說於前福德百分不及一百千万億分乃
至筭數譬喻所不能及
須菩提於意云何汝等勿謂如來作是念我
當度衆生須菩提莫作是念何以故實无有

當度衆生須菩提莫作是念何以故實无有
衆生如来度者若有衆生如来度者如来則
有我人衆生壽者須菩提如来說有我者則
非有我而凡夫之人以為有我須菩提凡夫
者如来說則非凡夫須菩提於意云何可以
三十二相觀如来不須菩提言如是如是以
三十二相觀如来佛告須菩提若以三十二
相觀如来者轉輪聖王則是如来須菩提白
佛言世尊如我解佛所說義不應以三十二
相觀如来尒時世尊而說偈言
若以色見我　以音聲求我　是人行邪道　不能見如来
須菩提汝若作是念如来不以具足相故得
阿耨多羅三藐三菩提須菩提莫作是念如
来不以具足相故得阿耨多羅三藐三菩提

須菩提汝若作是念發阿耨多羅三藐三菩
提者說諸法斷滅莫作是念何以故發阿耨
多羅三藐三菩提者於法不說斷滅相須菩
提若菩薩以滿恒河沙等世界七寶布施若
復有人知一切法无我得成於忍此菩薩勝
前菩薩所得功德須菩提以諸菩薩不受福
德故須菩提白佛言世尊云何菩薩不受福
德須菩提菩薩所作福德不應貪著是故說
不受福德須菩提若有人言如來若來若去
若坐若卧是人不解我所說義何以故如來
者无所從來亦无所去故名如來
須菩提若善男子善女人以三千大千世界
碎為微塵於意云何是微塵衆寧為多不甚
多世尊何以故若是微塵衆實有者佛則不

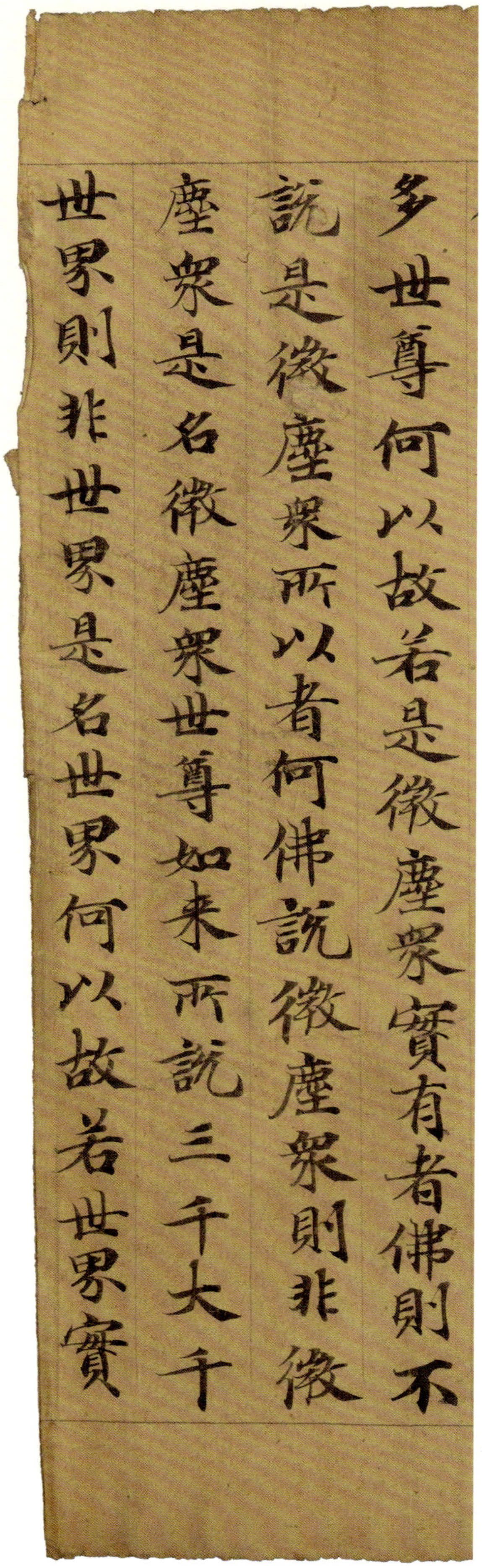

多世尊何以故若是微塵衆實有者佛則不
説是微塵衆所以者何佛説微塵衆則非微
塵衆是名微塵衆世尊如来所説三千大千
世界則非世界是名世界何以故若世界實

BD00031 妙法蓮華經卷四

（後秦）鳩摩羅什 譯

242.2cm × 26cm

道過无
三藐三菩提
行足善逝　　士調御丈夫天人師
佛世尊其佛以恒河沙等三千大千世界為
一佛土七寶為地地平如掌无有山陵谿澗
溝壑七寶臺觀充滿其中諸天宮殿近處虛
空人天交接兩得相見无諸惡道亦无女人
一切衆生皆以化生无有婬欲得大神通身
出光明飛行自在志念堅固精進智慧普皆
金色三十二相而自莊嚴其國衆生常以二
食一者法喜食二者禪悅食有无量阿僧祇
千万億那由他諸菩薩衆得大神通四无礙
智善能教化衆生之類其聲聞衆筭數挍計
所不能知皆得具足六通三明及八解脫其

佛國土有如是等无量功德莊嚴成就劫名
寶明國名善淨其佛壽命无量阿僧祇劫法
住甚久佛滅度後起七寶塔遍滿其國尒時
世尊欲重宣此義而說偈言
諸比丘諦聽　佛子所行道　善學方便故　不可得思議
知衆樂小法　而畏於大智　是故諸菩薩　作聲聞緣覺
以无數方便　化諸衆生類　自說是聲聞　去佛道甚遠
度脫无量衆　皆悉得成就　雖小欲懈怠　漸當令作佛
內祕菩薩行　外現是聲聞　少欲猒生死　實自淨佛土
示衆有三毒　又現邪見相　我弟子如是　方便度衆生
若我具足說　種種現化事　衆生聞是者　心則懷疑惑
今此富樓那　於昔千億佛　勤脩所行道　宣護諸佛法
為求无上慧　而於諸佛所　現居弟子上　多聞有智慧
所說无所畏　能令衆歡喜　未曾有疲惓　而以助佛事

為求无上慧　而於諸佛所　現居弟子上　多聞有智慧
所說无所畏　能令衆歡喜　未曾有疲惓　而以助佛事
已度大神通　具四无礙智　智衆根利鈍　常說清淨法
演暢如是義　教諸千億衆　令住大乘法　而自淨佛土
未來亦供養　无量无數佛　護助宣正法　亦自淨佛土
常以諸方便　說法无所畏　度不可計衆　成就一切智
供養諸如來　護持法寶藏　其後當作佛　号名曰法明
其國名善淨　七寶所合成　劫名為寶明　菩薩衆甚多
其數无量億　皆度大神通　威德力具足　充滿其國土
聲聞亦无數　三明八解脫　得四无礙智　以是等為僧
其國諸衆生　婬欲皆已斷　純一變化生　具相莊嚴身
法喜禪悅食　更无餘食想　无有諸女人　亦无諸惡道
富樓那比丘　功德悉成滿　當得斯淨土　賢聖衆甚多
如是无量事　我今但略說

尒時千二百阿羅漢心自在者作是念我等
歡喜得未曾有若世尊各見授記如餘大弟
子者不亦快乎佛知此等心之所念告摩訶
迦葉是千二百阿羅漢我今當現前次第與
受阿耨多羅三藐三菩提記於此衆中我大
弟子憍陳如比丘當供養六万二千億佛然
後得成爲佛号曰普明如來應供正遍知明
行足善逝世間解无上士調御丈夫天人師
佛世尊其五百阿羅漢優樓頻螺迦葉伽耶
迦葉那提迦葉迦留陁夷優陁夷阿㝹樓駄
離婆多劫賓那薄拘羅周陁莎伽陁等皆當
得阿耨多羅三藐三菩提盡同一号名曰普
明尒時世尊欲重宣此義而說偈言
憍陳如比丘　當見无量佛　過阿僧祇劫　乃成等正覺

得阿耨多羅三藐三菩提盡同一号名曰普
明尒時世尊欲重宣此義而說偈言
憍陳如比丘　當見无量佛　過阿僧祇劫　乃成等正覺
常放大光明　具足諸神通　名聞遍十方　一切之所敬
常說无上道　故号為普明　其國土清淨　菩薩皆勇猛
咸昇妙樓閣　遊諸十方國　以无上供具　奉獻於諸佛
作是供養已　心懷大歡喜　須臾還本國　有如是神力
佛壽六万劫　正法倍住壽　像法復倍是　法滅天人憂
其五百比丘　次第當作佛　同号普明　轉次而授記
我滅度之後　某甲當作佛　其所化世間　亦如我今日
國土之嚴淨　及諸神通力　菩薩聲聞衆　正法及像法
壽命劫多少　皆如上所說　迦葉汝已知　五百自在者
餘諸聲聞衆　亦當復如是　其不在此會　汝當為宣說
尒時五百阿羅漢〻〻佛前得受記已〻歡喜踊

踊躍從座起到於佛前頭面禮足悔過自責
世尊我等常作是念自謂已得究竟滅度今
乃知之如无智者所以者何我等應得如來
智慧而便自以小智為足世尊譬如有人至
親友家醉酒而卧是時親友官事當行以无
價寶珠繫其衣裏與之而去其人醉卧都不
覺知起已遊行到於他國為衣食故勤力求
索甚大艱難若少有所得便以為足於後親
友會遇見之而作是言咄哉丈夫何為衣食
乃至如是我昔欲令汝得安樂五欲自恣於
某年日月以无價寶珠繫汝衣裏今故現在
而汝不知勤苦憂惱以求自活甚為癡也汝
今可以此寶貿易所須常可如意无所乏短
佛亦如是為菩薩時教化我等令發一切智

令可以此寶貨易所須常可如意无所乏短
佛亦如是爲菩薩時教化我等令發一切智
心而尋廢忘不知不覺既得阿羅漢道自謂
滅度資生艱難得少爲足一切智願猶在不
失今者世尊覺悟我等作如是言諸比丘汝
等所得非究竟滅我久令汝等種種善根以
方便故示涅槃相而汝謂爲實得滅度世尊
我今乃知實是菩薩得受阿耨多羅三藐三
菩提記以是因緣甚大歡喜得未曾有尒時
阿若憍陳如等欲重宣此義而說偈言
我等聞无上　安隱授記聲　歡喜未曾有　礼无量智佛
今於世尊前　自悔諸過咎　於无量佛寶　得少涅槃分
如无智愚人　便自以爲足　譬如貧窮人　往至親友家
其家甚大富　具設諸肴膳　以无價寶珠　繫著內衣裏

嘿與而捨去　時臥不覺知　是人既已起　遊行詣他國
求衣食自濟　資生甚艱難　得少便為足　更不願好者
不覺內衣裏　有无價寶珠　與珠之親友　後見此貧人
苦切責之已　示以所繫珠　貧人見此珠　其心大歡喜
富有諸財物　五欲而自恣　我等亦如是　世尊於長夜
常愍見教化　令種无上願　我等无智故　不覺亦不知
得少涅槃分　自足不求餘　今佛覺悟我　言非實滅度
得佛无上慧　尒乃為真滅　我今從佛聞　授記莊嚴事
及轉次受決　身心遍歡喜

妙法蓮華經授學无學人記品第九

尒時阿難羅睺羅而作是念我等每自思惟
設得受記不亦快乎即從座起到於佛前頭
面礼足俱白佛言世尊我等於此亦應有分
唯有如來我等所歸又我等為一切世間天

唯有如來我等所歸又我等為一切世間天
人阿脩羅所見知識阿難常為侍者護持法
藏羅睺羅是佛之子若佛見授阿耨多羅三
藐三菩提記者我願既滿衆望亦足尒時學
無學聲聞弟子二千人皆從座起偏袒右肩
到於佛前一心合掌瞻仰世尊如阿難羅睺
羅所願住立一面尒時佛告阿難汝於來世
當得作佛号山海慧自在通王如來應供正
遍知明行足善逝世間解無上士調御丈夫
天人師佛世尊當供養六十二億諸佛護持
法藏然後得阿耨多羅三藐三菩提教化二
十千万億恒河沙諸菩薩等令成阿耨多羅
三藐三菩提國名常立勝幡其土清淨琉璃

爲地劫名妙音遍滿其佛壽命無量千万億
阿僧祇劫若人於千万億無阿僧祇劫中
筭數校計不能得知正法住世倍於壽命像
法住世復倍正法阿難是山海慧自在通王
佛爲十方無量千万億恒河沙等諸佛如来
所共讚歎稱其功德尒時世尊欲重宣此義
而說偈言
我今僧中說　阿難持法者　當供養諸佛　然後成正覺
号曰山海慧　自在通王佛　其國土清淨　名常立勝幡
教化諸菩薩　其數如恒沙　佛有大威德　名聞滿十方
壽命無有量　以愍衆生故　正法倍壽命　像法復倍是
如恒河沙等　無數諸衆生　於此佛法中　種佛道因緣
尒時會中新發意菩薩八千人咸作是念我
等尚不聞諸大菩薩得如是記有何因緣而

等尚不聞諸大菩薩得如是記有何因緣而
諸聲聞得如是決尒時世尊知諸菩薩心之
所念而告之曰諸善男子我與阿難等於空
王佛所同時發阿耨多羅三藐三菩提心阿
難常樂多聞我常勤精進是故我已得成阿
耨多羅三藐三菩提而阿難護持我法亦護
將来諸佛法藏教化成就諸菩薩衆其本願

BD00032

灌頂章句拔除過罪生死得度經

（東晉）帛尸梨蜜多羅 譯

614.6cm×25.4cm

佛說灌頂章句拔除過罪生死得度經
聞如是一時佛遊維耶離音樂樹下與
比丘衆菩薩三万六千人俱國王大臣人民
及諸天龍八部鬼神共會說法於是文殊師
利法王子菩薩摩訶薩承佛威神從坐而起
長跪叉手前白佛言世尊願爲未來像法衆
生宣揚顯說往昔過去諸佛名字及清淨國
土莊嚴之事願爲解說得聞法要
佛告文殊師利善哉善哉汝大慈
罪苦一切衆生聞此往昔諸佛名字
清淨莊嚴之事利益一切无量衆生安

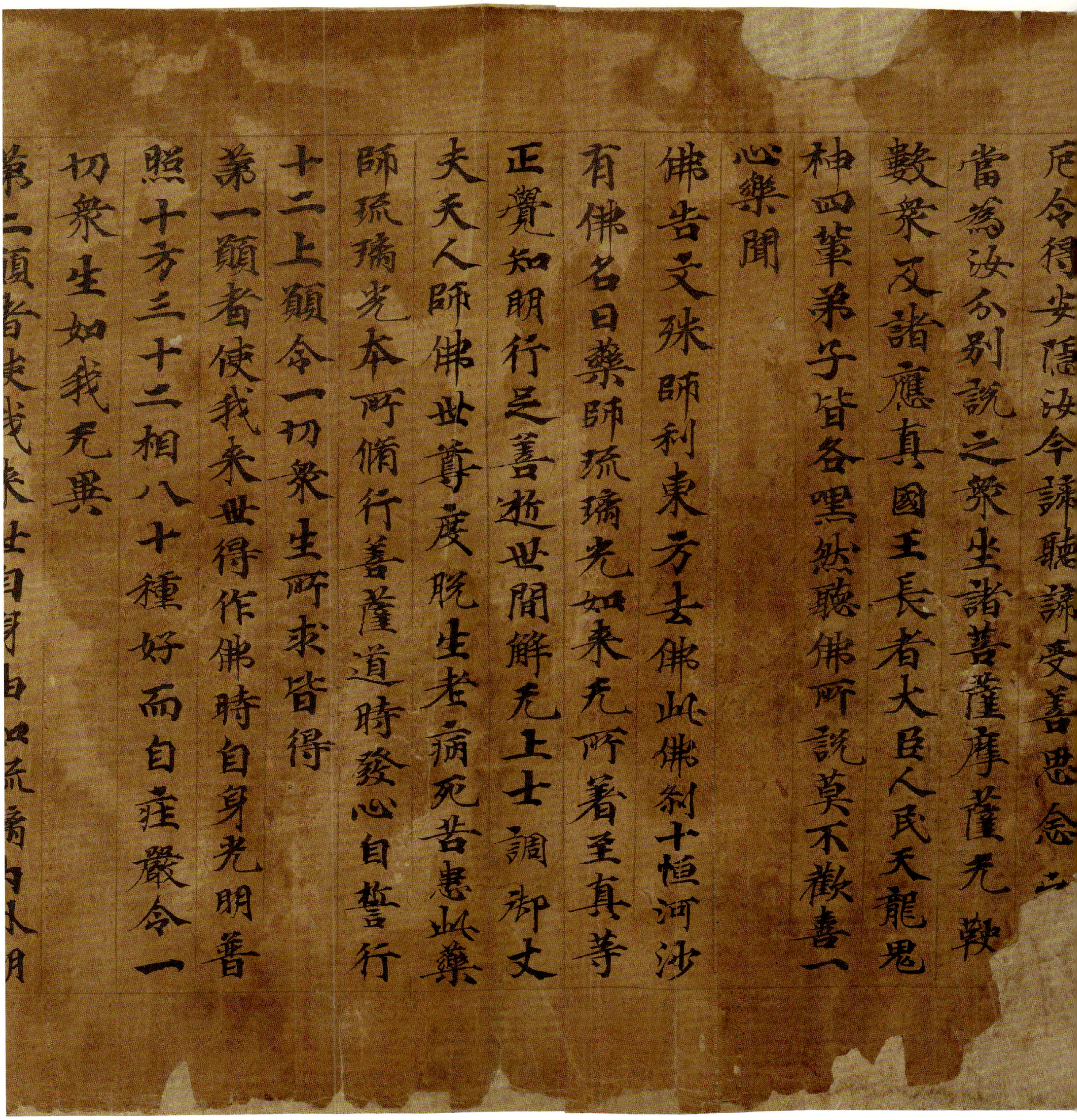

危令得安隱汝今諦聽諦受善思念之
當為汝分別說之衆坐諸菩薩摩薩无鞅
數衆及諸應真國王長者大臣人民天龍鬼
神四輩弟子皆各嘿然聽佛所說莫不歡喜一
心樂聞
佛告文殊師利東方去佛此佛刹十恒河沙
有佛名曰藥師瑠璃光如來无所著至真等
正覺知明行足善逝世間解无上士調御丈
夫天人師佛世尊度脫生老病死苦患此藥
師瑠璃光本所脩行菩薩道時發心自誓行
十二上願令一切衆生所求皆得
第一願者使我來世得作佛時自身光明普
照十方三十二相八十種好而自莊嚴令一
切衆生如我无異
第二願者使我來世自身如瑠璃內外明

BD00032　灌頂章句拔除過罪生死得度經

照一切三十二相八十種好而自莊嚴令一
切衆生如我无異
第二願者使我來世自身由如琉璃內外明
徹淨无瑕穢妙色廣大功德巍巍安住十
方如日照世幽冥衆生悉蒙開曉
第三願者使我來世智慧廣大如海无窮
潤澤枯涸无量衆生普使蒙益悉令飽滿
无飢渴想甘食美膳悉持施與
第四願者使我來世佛道成就巍巍堂堂如
星中之月消除生死之雲令无有翳明照世
界行者見道熱得清凉解除垢穢
第五願者使我來世發大精進淨持戒地令
无濁穢慎護所受令无缺犯亦令一切戒行
具足堅持不犯至无爲道
第六願者使我來世若有衆生諸根毀敗盲

者使視聾者能聽瘂者得語僂者能申跛
者能行如是不完具者悉令具足
苐七願者使我來世十方世界若有苦惱无
救護者我為此等設大法藥令諸疾病皆
得除愈无復苦患至得佛道
苐八願者使我來世以善業因緣為諸愚
冥无量衆生講宣妙法令得度脫入智慧
以普使明了无諸疑惑
苐九願者使我來世摧伏惡魔及諸外道
顯揚清淨无上道法使入正真无諸邪僻迴
向菩提八正覺路
苐十願者使我來世若有衆生王法所加臨
當刑戮无量怖畏愁憂苦惱若復鞭撻枷
鏁其體種種恐懼逼切其身如是无邊諸苦
惱等悉令解脫无有衆難

BD00032　灌頂章句拔除過罪生死得度經

鑠其體種種恐懼逼切其身如是无邊諸苦
惱等悉令解脫无有衆難
第十一願者使我來世若有衆生飢火所惱
令得種種甘美飲食天諸餚饍種種无數
悉以施與令身充足
第十二願者使我來世若有貧凍倮露衆生
即得衣服窮乏之者施與珍寶倉庫盈溢
无所乏少一切皆受无量快樂乃至无有一人
受苦使諸衆生和顏悅色形貌端嚴人所喜
見琴瑟鼓吹如是无量最上音聲施與一切
无量衆生是為十二微妙上願
佛告文殊師利此藥師琉璃光佛本願功
德如是我今為汝略說其國莊嚴之事此藥
師琉璃光如來國土清淨无五濁无愛欲无

意垢以白銀琉璃為地宮殿樓閣悉用七寶亦
如西方无量壽國无有異也有二菩薩一名
日曜二名月淨是二菩薩次補佛處諸善
男子及善女人亦當願生彼國土也
文殊師利白佛言願為演說藥師琉璃光如
來无量功德饒益衆生令得佛道佛言若有
善男子善女人新破衆魔來入正道得聞
我說是藥師琉璃光如來名字者魔家眷
屬退散馳走如是无量救衆生苦我今說之
佛告文殊師利世間有人不解罪福慳貪不
知布施今世後世當得其福世人愚癡但知
貪惜寧自割身肉而噉食之不肯持錢財布
施求後世之福又有人身不能衣食此大慳
貪命終以後當墮地獄餓鬼及在畜生中
聞我說是藥師琉璃光如來名字之時

BD00032　灌頂章句拔除過罪生死得度經

貪命終以後當墮地獄餓鬼及在畜生中
聞我說是藥師琉璃光如來名字之時无不
解脫憂苦者也皆作信心貪福畏罪人從索
頭與頭索眼與眼乞妻與妻乞子與子求
金銀珎寶皆大布施一時歡喜即發无上正真
道意佛言若復有人受佛淨戒遵奉明法
不解罪福雖知明經不及中義不能分别曉
了事以自貢高恒常瞻憒乃與世間衆魔從
事更作縛著不解行之惡着婦女恩愛之情
口為說惡行有在中不能發覺復不自知但
能論說他人是非如此人輩皆當墮三惡道
中聞我說是藥師琉璃光佛本願功德无不
歡喜念欲捨家行作沙門者也
佛言世間有人好自稱譽皆自貢高當墮三

惡道中後還爲人牛馬奴婢生下賤中人當
乘其力負而行困苦疲極忘失人身聞我
說是藥師琉璃光如來本願功德者皆當
一心歡喜踊躍更作謙敬即得解脫衆苦之
患長得歡喜聰明智慧遠離惡道得生善處
與善知識共相値遇无復憂患離諸魔縛
佛言世間愚癡人輩兩舌鬪諍惡口罵詈更
相嫌恨或就山神樹下鬼神日月之神南斗
北辰諸鬼神所作諸呪誓或作人名字或作
人形像或作符書以相厭禱呪咀言說聞我
說是藥師琉璃光佛本願功德无不兩作和
解俱心慈心惡意悉滅各各歡喜无復惡念
佛言若有四輩弟子比丘比丘尼清信士清
信女常脩月六齋年三長齋或晝夜精勤
一心苦行願欲生於西方阿彌陀佛國者憶念

信女常脩月六齋年三長齋或晝夜精勤
一心苦行願欲往生西方阿弥陁佛國者憶念
晝夜若一日二日三日四日五日六日七日或
復中悔聞我說是藥師琉璃光佛本願
功德盡其命壽欲終之日有八菩薩
文殊師利菩薩 觀世音菩薩 得大勢菩薩 无盡意菩薩
寶檀花菩薩 藥王菩薩 藥上菩薩 弥勒菩薩
皆當飛往迎其精神不逕八難生蓮花中自
然音樂而相娛樂佛言假使壽命自欲盡
時臨終之日得聞我說是藥師琉璃光佛本
願功德者命終皆得上生天上不復逕歷三
惡道中天上福盡若下生人間當為帝王家作
子或生豪姓長者居士冨貴家生皆當端正
聰明智慧高才勇猛若是女人化成男子已

後憂苦患難者也
佛語文殊師利我稱譽顯說藥師琉璃光佛
至真等正覺本所脩集无量行願功德如是
文殊師利從坐而起長跪叉手白佛言世尊
佛去世後當以此法開化十方一切衆生使
其受持是經典者若有善男子善女人愛樂
是經受持讀誦宣通之者復能專念若一日
二日三日四日五日乃至七日憶念不忘能
以好素帛書取是經五色雜綵作囊盛之
者是時當有諸天善神四天大王龍神八部
常來營衛愛敬此經日日作礼時是經者
終不墮橫死所在安隱惡氣消滅諸魔鬼神
亦不中害佛言如是如是如汝所說文殊師
利天尊所說言无不善

亦[illegible]中[illegible][illegible]言女[illegible]女[illegible]所言文殊曰
利天尊所說言无不善
佛告文殊師利若有善男子善女人發心造
立藥師琉璃光如來形像供養礼拜懸雜色
憣蓋燒香散花歌詠讚歎圍繞百匝還坐
本處端坐思惟念藥師琉璃光佛无量功德
若有善男子善女人七日七夜菜食長齋供
養礼拜藥師琉璃光佛求心中所願者无不
獲得求長壽得長壽求富饒得富饒求安
隱得安隱求男女得男女求官位得官位若
命過已後欲生妙樂天上者亦當礼敬藥師
琉璃光佛至真等正覺若欲上生三十三天
者亦當礼拜藥師琉璃光佛必得往生若欲
與明師世世相值者亦當礼敬藥師琉璃光佛
佛告文殊師利若欲生十方妙樂國土者亦當

礼敬藥師琉璃光佛若欲得生兜率天上見彌勒
者亦應礼敬藥師琉璃光佛若欲遠諸邪道
亦當礼敬藥師琉璃光佛若夜惡夢烏鳴百
恠蜚尸邪忤魍魎鬼神之所遶者亦當礼
敬藥師琉璃光佛若為水火之所焚漂者
亦當礼敬藥師琉璃光佛若入山谷為虎狼
熊羆蒺棃諸獸蟲龍蚖虵蝮蝎種種雜類若
有惡心來相向者心當存念藥師琉璃光佛山
中諸難不能為害若他方惡賊偷竊惡人惡
家債主欲來侵陵心當存念藥師琉璃光佛
則不為害以善男子善女人礼敬藥師琉璃
光如來功德所致花報如是况果報也是故
吾今勸請四輩礼事藥師琉璃光佛至真等
正覺

正覺
佛告文殊師利我但為汝略說藥師琉璃光佛
礼敬功德若使我廣說是藥師琉璃光佛无
量功德與一切人求心中所願者從一劫至一
劫故不周遍其世間人若有著床瘦黄困篤
惡病連年累月不差者聞我說是藥師琉
璃光佛名字之時横病之厄无不除愈唯
宿殃不請耳
佛告文殊師利若善男子善女人受三自歸
若五戒若十戒若善信菩薩二十四戒若沙
門二百五十戒若比丘尼五百戒若菩薩戒
若破是諸戒若能至心一懺悔者復聞我說
是藥師琉璃光佛終不墮三惡道中必得解
脫若人愚癡不受父母師長教誨不言弗不

信經戒不信聖僧應墮三惡道中忘失人種
受畜生身聞我說是藥師琉璃光佛善願
功德者即得解脫
佛告文殊師利世有惡人雖受佛禁戒觸事
違犯或煞无道偷竊他人財寶欺詐妄語婬
他婦女飲酒鬬亂兩舌惡口罵詈殺人犯
戒為惡更復祠祀鬼神有如是罪過當墮地
獄若當屠割若抱銅柱若卧鐵床若鐵鉤出
舌若洋銅灌口者聞我說是藥師琉璃光佛
无不即得解脫者也
佛告文殊師利其世間人豪貴下賤不信佛
不信經道不信有沙門不信有須陁洹不信
有斯陁含不信有阿那含不信有阿羅漢不
信有辟支佛不信有十住菩薩不信有三世

有其阿含不信有阿那含不信有阿羅漢不
信有辟支佛不信有十住菩薩不信有三世
之事不信有十方諸佛不信有本師釋迦文
佛不信人死神明更生善者受福惡者受殃
有如是之罪應墮三惡道中聞我說是藥師
琉璃光佛名字之者一切過罪自然消滅
佛告文殊師利若有善男子善女人聞我說
是藥師琉璃光佛至真等正覺其誰不發
无上正真道意後皆當得作佛人居世間仕
官不遷治生不得飢寒困苦忘失財產无復
方計聞我說是藥師琉璃光佛各各得心中
所願仕官皆得高遷財物自然長益飲食充
饒皆得富貴若為縣官之所拘錄惡人侵枉
若為惡家所得便者心當存念藥師琉璃光
佛若也婦女產生難者皆當念是藥師流

璃光佛兒財㝵生身𩪿平正无諸疾癰子
情完具聰明智慧壽命得長不遭枉橫
善神擁護不為惡鬼舐其頭也
佛說是語時阿難在右邊佛顧語阿難言汝
信我為文殊師利說往昔東方過十恒河沙
有佛名藥師琉璃光如來本願功德者乎阿
難白佛言惟天中天佛之所言何敢不信
耶佛復語阿難言世間人輩雖有眼耳鼻舌
身意人常用此六事以自迷惑信世間魔邪之
言不信至真至誠度世苦切之語如是人輩難
可開化也阿難白佛言世尊世人多有惡逆下
賤之者若聞佛說此經聞人耳目破治人病
除人陰冥使覩光明解人疑結去人重罪千
劫万劫无復憂患皆因佛說是藥師琉璃光
佛本願功德悉令安隱得其福也

BD00032　灌頂章句拔除過罪生死得度經

劫万劫无復憂患皆曰佛說是藥師琉璃光
佛本願功德悉令安隱得其福也
佛語阿難汝口為言善而汝內心狐疑不信
我言阿難汝莫作是念以自毀敗佛語阿難
我見汝心我知汝意汝知之不阿難即以頭面
著地長跪白佛言審如天中天所說我造次
聞佛說是藥師琉璃光佛極大尊貴智恵
巍巍難可度量我心有小疑耳敢不首伏佛
言汝智恵狹劣少見少聞汝聞我說深妙之
法无上空義應生敬信貴重之心必當得
至无上正真道也
文殊師利問佛言世尊佛說是藥師琉璃光
如來无量功德如是不審誰肯信此言者佛
荅文殊師利唯有百億諸菩薩摩訶薩當

信此言耶唯有十方三世諸佛當信是言
佛言我說是藥師琉璃光如來本願功德難
可得見何況得聞亦難得說難得書寫亦難
得讀文殊師利若有善男子善女人能信是
經受持讀誦書著竹帛復為他人解說中
義此皆先世已發道意今復得聞此微妙法
開化十方无量衆生當知此人必當得至无
上正真道也
佛告阿難我作佛以來從生死復至生死勤
苦累劫无所不經无所不歷无所不作无所
不為如是不可思議復況藥師琉璃光佛
本願功德者乎汝所以有疑者亦復如是阿難
汝聞佛所說汝諦信之莫作疑惑佛語至誠
无有虛為亦无二言佛言為信者施不為疑者
說阿難汝莫作小疑之後大疑之業汝即墮下

如佛所言如言作之莫作疑惑作誑之説
无有虛爲亦无二言佛言爲信者施不爲疑者
說阿難汝莫作小疑以毀大乘之業汝却後亦
當發摩訶衍心莫以小道毀汝功德也阿難言
唯天中天我從今日以去无復尒心唯佛自
當知我心耳
佛語阿難此經能照諸天宮殿若三灾起時
中有天人發心念此琉璃光佛本願功德經
者皆得離於彼處之難是經能除水洷不調是
經能除他方逆賊悉令斷滅四方夷狄各還正
治不相嬈惱國土交通人民歡樂是經能除
穀貴飢涷是經能滅惡星變怪是經能除
疫毒之病是經能救三惡道苦地獄餓鬼畜
生等苦若人得聞此經典者无不解脫厄難
者也

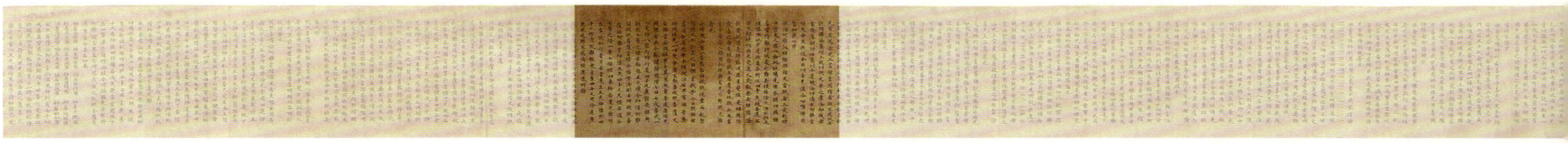

尒時衆中有一菩薩名曰救脫從坐而起整
衣服叉手合掌而白佛言我等今日聞佛世
尊演說過去十恒河沙世界有佛号藥
師琉璃光一切衆會靡不歡喜救脫菩薩又
白佛言若族姓男女其有在羸著床痛惱无
救護者我今勸請諸衆僧七日七夜齋戒一
心受持八禁六時行道四十九遍讀是經典
勸然七層之燈亦勸懸五色續命神幡阿難
問救脫菩薩言續命幡燈法則云何救脫菩
薩語阿難言神幡五色四十九尺燈亦復尒
七層之燈一層七燈燈如車輪若遭厄難閉
在牢獄枷鏁著身亦當造立五色神幡然四
十九燈應放雜類衆生至四十九可得過度
危厄之難不為諸橫惡鬼所持

BD00032 灌頂章句拔除過罪生死得度經

[illegible]
危厄之難不爲諸横惡鬼所持
救脱菩薩語阿難言若天王大臣及諸輔相王
子妃主中宫綵女若爲病苦所惱亦應造
立五色續幡然燈續明救諸生命散雜色花
燒衆名香王當放赦屈厄之人徒鏁解脱王
得其福天下太平雨澤以時人民歡樂惡龍
攝毒无病苦者四方夷狄不生逆害國土通
洞慈心相向无諸惡害四海歌詠稱王之德
乘此福祿在意所生見佛聞法信受教悔從
是福報至无上道
阿難又問救脱菩薩言命可續也救脱菩薩
荅阿難言我聞世尊説有諸横勸造幡蓋令
其脩福又言阿難昔沙弥救蟻以脩福故盡
其壽命不更苦患身體安寧福德力强使之

然也阿難白佛言救脱菩薩言横有幾種救
脱菩薩荅阿難言世尊說言横乃无數略而
言之大横有九一者横病二者横有口舌三者
横遭縣官四者身羸无福又持戒不完横
為鬼神之所得便五者横為劫賊之所剝脱
六者横為水火之所焚漂七者横為雜類禽
獸所噉八者横為怨讎符書厭禱邪神牽
引未得其福但受其殃先亡牽引亦名横死
九者有病不治又不脩福湯藥不順針灸失
度不值良醫為病所困於是滅亡又信世間
妖孽之師為作恐動寒熱言語妄發禍福所
犯者多不必自正不能自定卜問覓禍煞猪狗
牛羊種種衆生解奏神明呼諸邪妖魍魎鬼
神請乞福祚欲望長生終不能得愚癡迷惑
信邪倒見死入地獄展轉其中无解脱時是

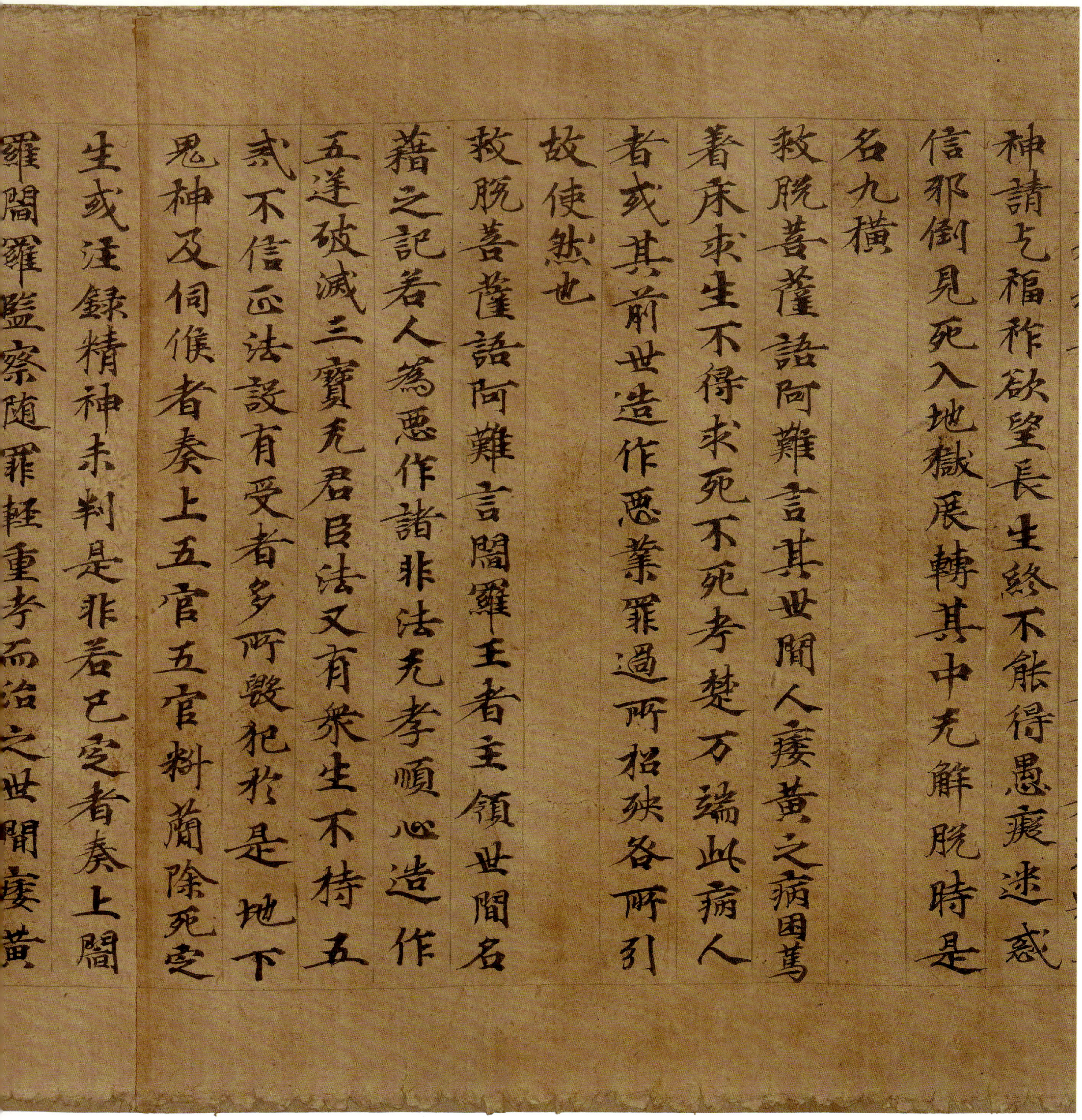

神請乞福祚欲望長生終不能得愚癡迷惑
信邪倒見死入地獄展轉其中无解脫時是
名九橫
救脫菩薩語阿難言其世間人瘦黃之病困篤
著床求生不得求死不死考楚万端此病人
者或其前世造作惡業罪過所招殃咎所引
故使然也
救脫菩薩語阿難言閻羅王者主領世間名
籍之記若人為惡作諸非法无孝順心造作
五逆破滅三寶无君臣法又有衆生不持五
戒不信正法設有受者多所毀犯於是地下
鬼神及伺候者奏上五官五官料簡除死定
生或注錄精神未判是非若已定者奏上閻
羅閻羅監察隨罪輕重考而治之世間瘦黃

之病困篤不死一絲一生由其罪福未得料
簡錄其精神在彼王所或七日二七日三七
日乃至七七日名藉定者放其精神還其身
中如從夢中來見其善惡其人若明了者信
驗罪福是故我今勸諸四輩造續命神幡然
四十九燈放諸生命以此幡燈放生功德拔彼
精神令得度苦今世後世不遭厄難
救脫菩薩語阿難言如來世尊說是經典威神
功德利益不少座中諸鬼神有十二神王從
坐而起往到佛所胡跪合掌白佛言我等
十二鬼神在所作護若城邑聚落空閑林中
若四輩弟子誦持此經令所結願无求不得
阿難問言其名云何為我說之救脫菩薩言
灌頂章句是名如是

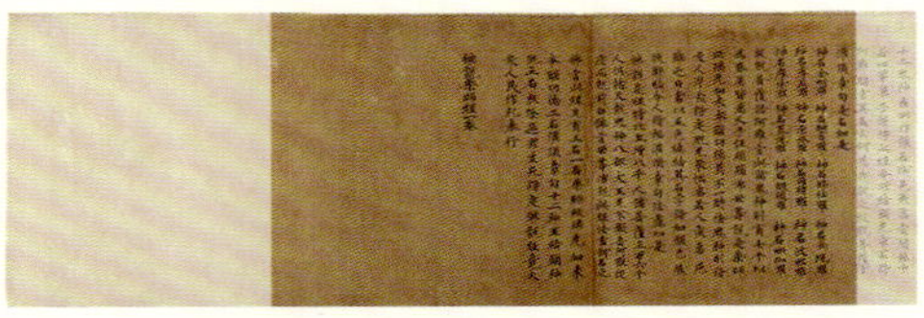

灌頂章句是名如是
神名金毗羅　神名和耆羅　神名弥佉羅　神名安陁羅
神名摩尼羅　神名宋林羅　神名因持羅　神名波邪羅
神名摩休羅　神名真陁羅　神名照頭羅　神名毗伽羅
救脱菩薩語阿難言此諸鬼神別有七千以
為眷屬皆悉叉手低頭聽佛世尊説是藥師
琉璃光如來本願功德莫不一時捨鬼神形得
受人身長得度脱无衆惱患若人疾急厄
難之日當以五色縷結其名字得如願已然
後解結令人得福灌頂章句法應如是
佛説是經時比丘僧八千人諸菩薩三万六千
人俱諸天龍鬼神八部大王无不歡喜阿難從
座而起前白佛言世尊演説此經法當何名之
佛言此經凡有三名一名藥師琉璃光如來

本願功德二名灌頂章句十二神王結願神
呪三名拔除過罪生死得度佛說經竟大
衆人民作礼奉行

佛說藥師經一卷

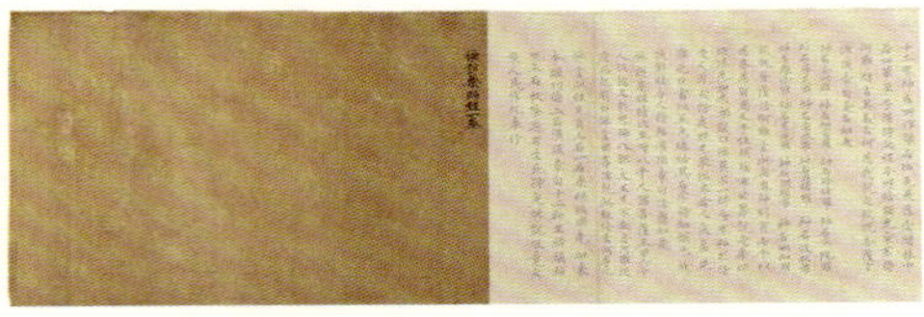

佛說藥師經一卷

BD00033 灌頂章句拔除過罪生死得度經

（東晉）帛尸梨蜜多羅 譯

444.1cm×26.4cm

佛告文殊師利世間有人不解罪福慳貪不
知布施今世後世當得其福世人愚癡但知
貪惜寧自割身肉而噉食之不肯持錢財布
施求後世之福世又有人身不衣食此大慳貪
命終以後當墮餓鬼及在畜生中聞我說是
藥師瑠璃光如来名字之時無不解脫憂苦
者耶皆作信心貪福畏罪人從索頭与頭索
眼与眼乞妻与妻乞子与子求金銀珎寶皆
大布施一時歡喜即發無上正真道意
佛言若復有人受佛淨戒遵奉明法不解罪
福雖知明經不及中義不能分別曉了中事
以自貢高恒常瞢憒乃与世間衆魔從事更
作縛著不解行之戀著婦女恩愛之情口爲
說空行在有中不能發覺復不自知但能論

說他人是非如此人輩皆當墮於三惡道中
聞我說是藥師瑠璃光本願功德无不歡喜
念欲捨家行作沙門者也
佛言世間有人好自稱譽皆自貢高當墮三
惡道中後還為人牛馬奴婢生下賤中人當
乘其力負重而行困苦疲極亡失人身聞我
說是藥師瑠璃光如來本願功德者皆當一
心歡喜踊躍更作謙敬即得解脫衆苦之患
長得歡樂聡明智慧遠離惡道得生善處與
善知識共相值遇无復憂惱離諸魔縛
佛言世間愚癡人輩兩舌鬪諍惡口罵詈更
相嫌恨或就山神樹下鬼神日月之神南斗
北辰諸鬼神所作諸呪誓或作人名字或作
人形像或作符書以相厭禱呪詛言說聞我
說是藥師瑠璃光本願功德无不兩作和解

BD00033　灌頂章句拔除過罪生死得度經

說是藥師瑠璃光本願功德无不兩作和解
俱生慈心惡意悉滅各各歡喜无復惡念佛
言若四輩弟子比丘比丘尼清信士清信女
常修月六齋年三長齋或晝夜精勤一心苦
行願欲往生西方阿弥陁佛國者憶念晝夜
若一日二日三日四日五日六日七日或復
中悔聞我說是瑠璃光本願功德盡其壽
命欲終之日有八菩薩文殊師利菩薩觀世
音菩薩得大勢菩薩无盡意菩薩寶檀華菩
薩藥王菩薩藥上菩薩弥勒菩薩皆當飛往
迎其精神不經八難生蓮華中自然音樂而相
娛樂佛言假使壽命自欲盡時臨終之日得
聞我說是瑠璃光佛本願功德者命終皆得
上生天上不復經歷三惡道中天上福盡若
下生人間為帝王家作子或生豪姓長者居

士官貴家生皆當端正聰明智慧高才勇猛
若是女人化成男子無復憂苦患難者也
佛語文殊師利我稱譽顯說瑠璃光佛至真
等正覺本所修集無量行願功德如是文殊
師利從座而起長跪叉手白佛言世尊佛去
世後當以此法開化十方一切衆生使其受
如是經典若有男子女人愛樂是經受持讀
誦宣通之者復能專念若一日二日三日四
日五日乃至七日憶念不忘能以好素帛書
取是經五色雜綵作囊盛之者是時當有諸
天善神四天大王龍神八部常來營衛愛敬
此經能日日作礼持是經者不墮橫死所在
安隱惡氣銷滅諸魔鬼神亦不中害佛言如
是如是如汝所說文殊師利言天尊所說言
无不善也

是如是如汝所説文殊師利言天尊所説言
无不善也
佛言文殊若有善男子善女人發心造立藥
師瑠璃光如来形像供養礼拜懸雜色幡蓋
燒香散華歌詠讃歎圍遶百帀還坐本處端
坐思惟念藥師瑠璃光佛无量功德若有善
男子善女人七日七夜菜食長齋供養礼拜
藥師瑠璃光佛求心中所願者无不獲得求
長壽得長壽求富饒得富饒求安隱得安隱
求男女得男女求官位得官位若命過已後
欲生妙樂天上者亦當礼敬瑠璃光佛至真
等正覺若欲上生三十三天者亦當礼敬瑠
璃光佛必得往生若欲与明師世世相值者
亦當礼敬瑠璃光佛
佛告文殊師利若欲生十方妙樂國土者亦

應礼敬瑠璃光佛欲得生兜率天上見彌勒
者亦應礼拜瑠璃光佛若欲遠諸邪道亦當
礼敬瑠璃光佛若夜惡夢鳥鳴百恠蜚尸邪
忤魍魎鬼神之所嬈者亦當礼敬瑠璃光佛
若為水火之所焚漂者亦當礼敬瑠璃光佛
若入山谷為虎狼熊羆蒺梨諸獸為龍蚖虵
蝮蠍種種雜類若有惡心来相向者心當存
念此瑠璃光佛山中諸難不能為害若他方
怨賊偷竊惡人怨家債主欲来侵陵心當存
念瑠璃光佛則不為害以善男子善女人礼
敬瑠璃光如来功德所致華報如是況果報
耶是故吾今勸諸四輩礼事瑠璃光佛至真
等正覺佛告文殊師利我但為汝略說瑠璃
光佛礼敬功德若使我廣說是瑠璃光佛无
量功德為一切人求心中所願者從一劫至一

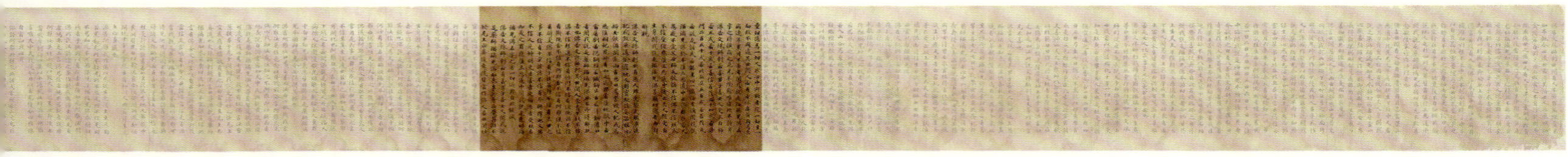

量功德爲一切人求心中所願者從一劫至一
劫故不周遍其世間人若有着林瘦黄困篤惡
病連年累月不差者聞我説是瑠璃光佛名
字之時横病之厄无不除愈唯宿殃不請耳
佛告文殊師利若善男子善女人受三自歸
若五戒若十戒若善信菩薩二十四戒若沙
門二百五十戒若比丘尼五百戒若菩薩戒
若破是諸戒若能至心一懺悔者復聞我説
瑠璃光佛終不墮三惡道中必得解脱若人
愚癡不受父母師友教誨不信佛不信經戒
不信聖僧應墮三惡道中者亡失人種受畜
生身聞我説是瑠璃光佛善願功德者即得
解脱
佛告文殊師利世有惡人雖受禁戒觸事違
犯或煞無道偷竊他人財寶欺詐妄語婬他

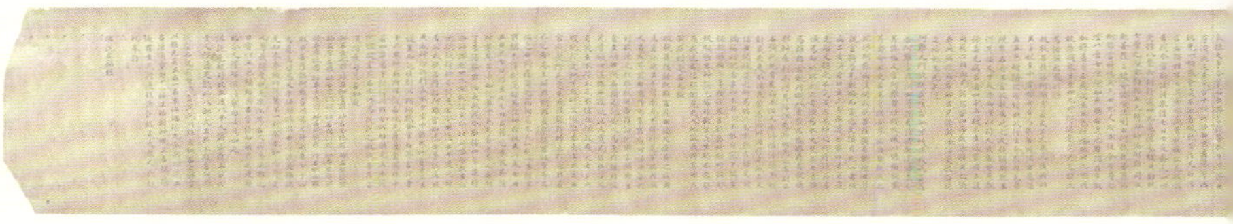

婦女飲酒鬪亂兩舌惡口罵詈毀人犯戒造
惡復祠祀鬼神有如是過罪當墮地獄中若
當屠割若抱銅柱若鐵鈎出舌若洋銅灌口
者聞我說是藥師瑠璃光佛無不即得解脫
者也佛告文殊師利其世間人豪貴下賤不信
佛不信經道不信有沙門不信有須陁洹不信
有斯陁含不信有阿那含不信有阿羅漢不信
有辟支佛不信有十住菩薩不信有三世之
事不信有十方諸佛不信有本師釋迦文佛
不信人死神明更生善者受福惡者受殃有
如是之罪應墮三惡道中聞我說是藥師瑠
璃光佛名字之者一切過罪自然銷滅
佛告文殊師利若有善男子善女人聞我說
是藥師瑠璃光佛如來至真等正覺其誰不
發无上正真道意後皆當作佛人居世間仕

BD00033　灌頂章句拔除過罪生死得度經

是藥師瑠璃光佛如来至真等正覺其誰不
發无上正真道意後皆當作佛人居世間仕
官不遷治生不得飢寒困厄亡失財產无復
方計聞我説藥師瑠璃光佛各各得心中
所願仕宦皆得高遷財物自然長益飲食充
饒皆得富貴若爲縣官之所拘録惡人侵枉
若爲怨家所得便者心當存念瑠璃光佛若
婦女產生難者心當念是瑠璃光佛咒則易
生身體平正無諸疾痛六情完具聰明智慧
壽命得長不遭狂横善神擁護不爲惡鬼舐
其頭也佛説是語時阿難在右邊佛顧語阿
難汝信我爲文殊師利説往昔東方過十恒
河沙有佛名藥師瑠璃光本願功德者不阿
難白佛言唯天中天佛之所説何敢不信耶
佛復語阿難言世間人雖有眼耳鼻舌身意人

常用是六事以自迷惑信於世間魔邪之言
不信至真至誠度世苦切之語如是人輩難
可開化也阿難白佛言世尊世人多有惡逆
下賤之者若聞佛說是經開人耳目破治人
病除人瞑闇使覩光明解人疑結去人重罪
千劫万劫无復憂患皆因佛說是藥師瑠璃
光本願功德悉令安隱得其福也
佛言阿難汝口為言善而汝內心狐疑我言
阿難汝莫作是念以自毀敗佛言阿難我見
汝心我知汝意汝知之不阿難即以頭面著
地長跪白佛言審如天中天所說我造次聞
佛說是藥師瑠璃光極大尊貴智慧巍巍難
可度量我心有小疑耳敢不首伏佛言汝智
慧狹劣少見少聞聞我說是深妙之法无上
空義應生信敬貴重之心必當得至无上正

慧狹劣少見少聞聞我說是深妙之法无上
空義應生信敬貴重之心必當得至无上正
真道也文殊師利問佛言世尊佛說是藥師
瑠璃光如来無量功德如是不審誰肯信此
言者佛荅文殊言唯有百億諸菩薩摩訶薩
當信是言唯有十方三世諸佛當信是言佛
言我說是藥師瑠璃光如来本願功德難可
得見何況得聞亦難得說亦難得書寫亦難
得讀文殊師利若有善男子善女人能信是
經受持讀誦書著竹帛復能為他人解說中
義此皆先世以發道意今復得聞此微妙法
開化十方无量衆生當知此人必當得至无
上正真道也

佛告阿難我作佛以来從生死復至生死勤
苦累劫无所不經无所不悉无所不作无所

不惑如是不可思議況復瑠璃光佛本願功
德者乎汝所以有疑者亦復如是阿難汝聞
佛所說汝諦信之莫作疑惑佛語至誠无有
虛僞亦无二言佛爲信者施不爲疑者說耶
阿難汝莫作小疑以毀大乘之業汝却後亦
當發摩訶衍心莫以小道毀汝功德耶阿難
言唯天中天我從今日以去无復尒心惟佛
自當知我心耳
佛語阿難此經能照諸天宮殿若三灾起時
中有天人發心念此瑠璃光佛本願功德經
者皆得離於彼處之難是經能除水涸不調
是經能除他方逆賊悉令斷滅四方夷狄各
還正治不相嬈惱國土交通人民歡樂是經
能除穀貴飢凍是經能滅惡星變怪是經能
除疫毒之病是經能救三惡道苦地獄餓鬼

能除穀貴飢凍是經能滅惡星變怪是經能
除疫毒之病是經能救三惡道苦地獄餓鬼
畜生等苦若人得聞此經典者无不解脫厄
難者也
尒時衆中有一菩薩名曰救脫從座而起整
衣服叉手合掌而白佛言我等今日聞佛世
尊演說過去東方十恒河沙世界有佛号瑠
璃光一切衆會靡不歡喜救脫菩薩又白佛
言若族姓男女其有尪羸著林痛惱无救護
者我今當勸請諸衆僧七日七夜齋戒一心
受持八禁六時行道卌九遍讀是經典勸然
七層之燈亦勸懸五色續命神幡阿難問救
脫菩薩言續命幡燈法則云何救脫菩薩語
阿難言神幡五色卌九尺燈亦復尒七層之
燈一層七燈燈如車輪若遭厄難閇在牢獄

枷鎖著身亦應造立五色神幡然卌九燈應
放雜類衆生至卌九可得過度危厄之難不
爲諸橫惡鬼所持
救脫菩薩語阿難言若天王大臣及諸輔相
王子妃主中宮婇女若爲疾苦所惱亦應造
立五色繒幡然燈續明救諸生命散雜色華
燒衆名香王當放赦屈厄之人徒鎖解脫王
得其福天下太平雨澤以時人民歡樂惡龍
攝毒无病苦者四方夷狄不生逆害國土通
同慈心相向无諸怨害四海歌詠稱王之德
乘此福禄在意所生見佛聞法信受教誨從
是福報至无上道
阿難又問救脫菩薩言命可續耶救脫菩薩
荅阿難言我聞世尊說有諸橫勸造幡盖令
其脩福又言阿難昔沙彌救蟻以脩福故盡

其修福又言阿難昔沙弥救蟻以修福故盡
其壽命不更苦患身體安寧福德力强使之
然耶阿難因復問救脫菩薩橫有幾種世尊
說言橫乃无數略而言之大橫有九一者橫
病二者橫有口舌三者橫遭縣官四者身羸
无福又持戒不完橫爲鬼神之所得便五者
橫爲劫賊所剝六者橫爲水火焚漂七者橫
爲雜類禽獸所噉八者橫爲怨讎符書厭禱
邪神牽引未得其福但受其殃先亡牽引亦
名橫死九者有病不治又不修福湯藥不順
針灸失度不值良醫爲病所困於是滅亡又
信世間妖孽之師爲作恐動寒熱言語妄説
禍福所犯者多心不自正不能自定卜問覓
禍殺豬狗牛羊種種衆生解奏神明呼諸邪
妖魍魎鬼神請乞福祚欲望長生終不能得

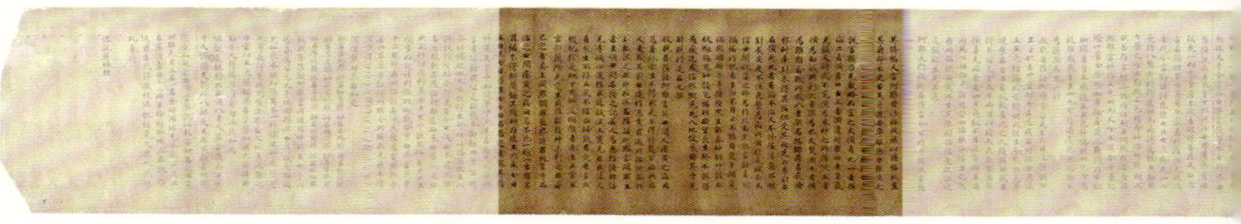

愚癡迷惑信邪倒見死入地獄展轉其中无
解脫時是名九橫
救脫菩薩語阿難言其世間人瘻黃之病困
篤著牀求生不得求死不得栲楚万端此病
人者或其前世造作惡業罪過所招殃咎所
引故使之然耶救脫菩薩語阿難言閻羅王
者主領世間名籍之記若人爲惡作諸非法
无孝順心造作五逆破滅三寶无君臣法又
有衆生不持五戒不信正法設有受者多所
毀犯於是地下鬼神及伺候者奏上五官五
官料簡除死定生或注錄精神未判是非若
已定者奏上閻羅閻羅監察隨罪輕重考而
治之世間瘻黃之病困篤不死一絕一生猶其
罪福未得料簡錄其精神在彼王所或七日
五日三七日乃至七七日名籍定者放其精

BD00033　灌頂章句拔除過罪生死得度經

五日三七日乃至七七日名籍定者放其精
神還其身中如從夢中見其善惡其人若明
了者信驗罪福是故我今勸諸四輩造續
命神幡然卌九燈放諸生命以此幡燈放生功
德扶彼精神令得度苦今世後世不遭厄難
者耶救脫菩薩語阿難言如來世尊說是經
典威神功德利益不少坐中諸鬼神有十二王
從坐而起往到佛所胡跪合掌白佛言我等
十二鬼神在所作護若城邑聚落空閑林中
若四輩弟子誦持此經令所結願无求不得
阿難問言其名云何為我說之救脫菩薩言
灌頂章句其名如是
神名金毗羅 神名和耆羅 神名安陁羅 神名弥佉羅
神名摩尼羅 神名宋林羅 神名因持羅 神名婆耶羅
神名摩休羅 神名真陁羅 神名照頭羅 神名毗伽羅

救脫菩薩語阿難言此諸鬼神別有七千以
爲眷屬皆悉叉手低頭聽佛世尊說是瑠璃
光如來本願功德莫不一時捨鬼神形得受
人身長得度脫无衆惱患若人病急厄難之
日當以五色縷結其名字得如願已然後解
結令人得福灌頂章句法應如是
佛說是經時比丘僧八千人諸菩薩三万六
千人俱諸天龍神八部大王無不歡喜阿難
從座而起前白佛言演說此經當何名之佛言
此經凡有三名一名藥師瑠璃光本願功德二
名灌頂章句十二神王結願神呪三名拔除
過罪生死得度經佛說經竟大衆人民作
礼奉行
佛說藥師經

BD00033　灌頂章句拔除過罪生死得度經

礼奉行

佛說藥師經

BD00033　灌頂章句拔除過罪生死得度經

BD00034 金剛般若波羅蜜經

（後秦）鳩摩羅什 譯

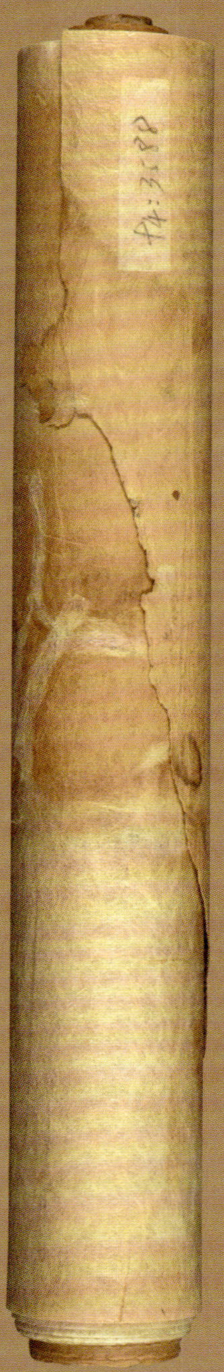

437.3cm × 26.5cm

衣持
乞已還至
而坐時長老須菩提在大
袒右肩右膝著地合掌恭敬而白佛
世尊如來善護念諸菩薩善付囑諸菩薩
世尊善男子善女人發阿耨多羅三藐三菩
提心應云何住云何降伏其心佛言善哉善
哉須菩提如汝所說如來善護念諸菩
付囑諸菩薩汝今諦聽當為
女人發阿耨多羅三藐三菩
如是降伏其心唯然世尊願樂欲聞
佛告須菩提諸菩薩摩訶薩應如是降伏其
心所有一切衆生之類若卵生若胎生若濕
生若化生若有色若无色若有想若无想若

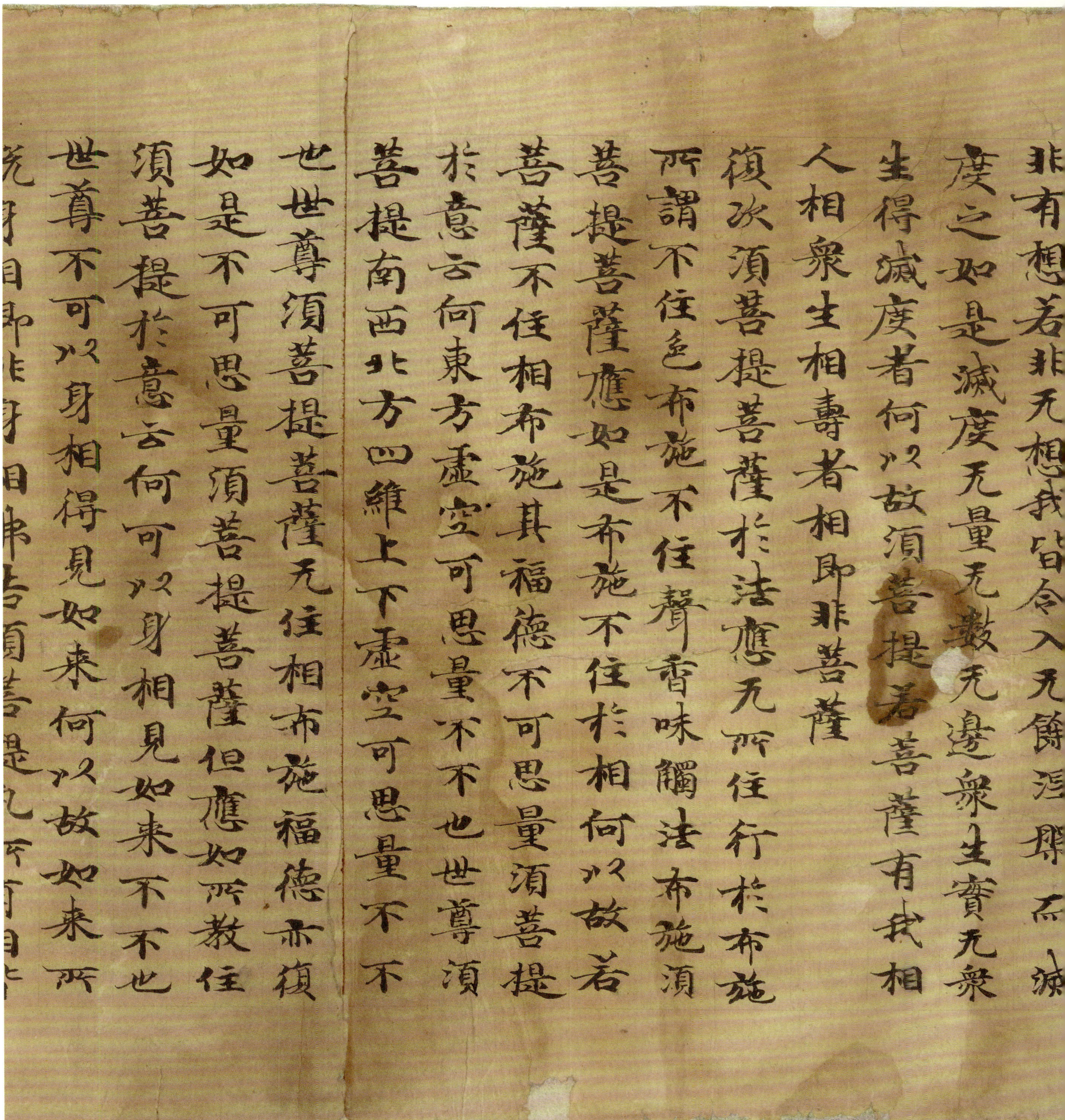

非有想若非无想我皆令入无餘涅槃而滅
度之如是滅度无量无數无邊衆生實无衆
生得滅度者何以故須菩提若菩薩有我相
人相衆生相壽者相即非菩薩
復次須菩提菩薩於法應无所住行於布施
所謂不住色布施不住聲香味觸法布施須
菩提菩薩應如是布施不住於相何以故若
菩薩不住相布施其福德不可思量須菩提
於意云何東方虛空可思量不不也世尊須
菩提南西北方四維上下虛空可思量不不
世世尊須菩提菩薩无住相布施福德亦復
如是不可思量須菩提菩薩但應如所教住
須菩提於意云何可以身相見如來不不世
世尊不可以身相得見如來何以故如來所
說身相即非身相佛告須菩提凡所有相皆

BD00034　金剛般若波羅蜜經

須菩提於意云何可以身相見如來不不也
世尊不可以身相得見如來何以故如來所
說身相即非身相佛告須菩提凡所有相皆
是虛妄若見諸相非相則見如來
須菩提白佛言世尊頗有衆生得聞如是言
說章句生實信不佛告須菩提莫作是說如
來滅後後五百歲有持戒脩福者於此章句
能生信心以此為實當知是人不於一佛二
佛三四五佛而種善根已於无量千万佛所
種諸善根聞是章句乃至一念生淨信者須
菩提如來悉知悉見是諸衆生得如是无量
福德何以故是諸衆生无復我相人相衆生
相壽者相无法相亦无非法相何以故是諸
衆生若心取相則為著我人衆生壽者若取
法相即著我人衆生壽者何以故若取非法

相即著我人衆生壽者是故不應取法不應
取非法以是義故如來常說汝等比丘知我
說法如筏喻者法尚應捨何況非法
須菩提於意云何如來得阿耨多羅三藐三
菩提耶如來有所說法耶須菩提言如我解
佛所說義无有定法名阿耨多羅三藐三菩
提亦无有定法如來可說何以故如來所說
法皆不可取不可說非法非法所以者何
一切賢聖皆以无為法而有差別
須菩提於意云何若人滿三千大千世界七
寶以用布施是人所得福德寧為多不須菩
提言甚多世尊何以故是福德即非福德性
是故如來說福德多若復有人於此經中受
持乃至四句偈等為他人說其福勝彼何以

持乃至四句偈等爲他人說其福勝彼何以
故須菩提一切諸佛及諸佛阿耨多羅三藐
三菩提法皆從此經出須菩提所謂佛法者
即非佛法
須菩提於意云何須陁洹能作是念我得須
陁洹果不須菩提言不也世尊何以故須陁
洹名爲入流而无所入不入色聲香味觸法
是名須陁洹須菩提於意云何斯陁含能作
是念我得斯陁含果不須菩提言不也世尊
何以故斯陁含名一往來而實无往來是名
斯陁含須菩提於意云何阿那含能作是念
我得阿那含果不須菩提言不也世尊何以
故阿那含名爲不來而實无來是故名阿那
含須菩提於意云何阿羅漢能作是念我得

阿羅漢道不須菩提言不也世尊何以故實
无有法名阿羅漢世尊若阿羅漢作是念我
得阿羅漢道即為著我人衆生壽者世尊佛
說我得无諍三昧人中最為第一是第一離
欲阿羅漢我不作是念我是離欲阿羅漢世
尊我若作是念我得阿羅漢道世尊則不說
須菩提是樂阿蘭那行者以須菩提實无所
行而名須菩提是樂阿蘭那行
佛告須菩提於意云何如來昔在然燈佛所
於法有所得不不也世尊如來在然燈佛所
於法實无所得須菩提於意云何菩薩莊嚴
佛土不不也世尊何以故莊嚴佛土者則非
莊嚴是名莊嚴是故須菩提諸菩薩摩訶薩
應如是生清淨心不應住色生心不應住聲

BD00034　金剛般若波羅蜜經

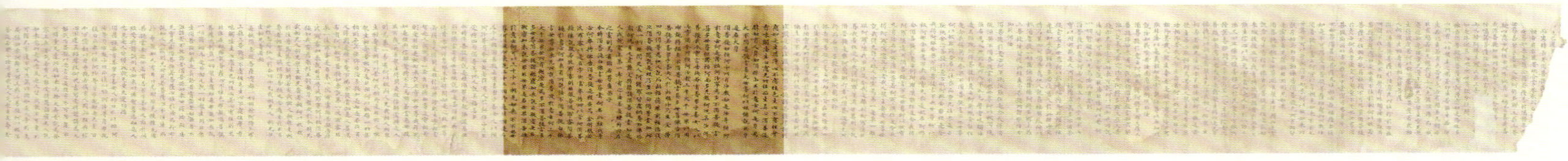

應如是生清淨心不應住色生心不應住聲
香味觸法生心應无所住而生其心須菩提
譬如有人身如須弥山王於意云何是身為
大不須菩提言甚大世尊何以故佛說非身
是名大身
須菩提如恒河中所有沙數如是沙等恒河
於意云何是諸恒河沙寧為多不須菩提言
甚多世尊但諸恒河尚多无數何况其沙須
菩提我今實言告汝若有善男子善女人以
七寶滿尒所恒河沙數三千大千世界以用
布施得福多不須菩提言甚多世尊佛告須
菩提若善男子善女人於此經中乃至受持
四句偈等為他人說而此福德勝前福德復
次須菩提隨說是經乃至四句偈等當知此

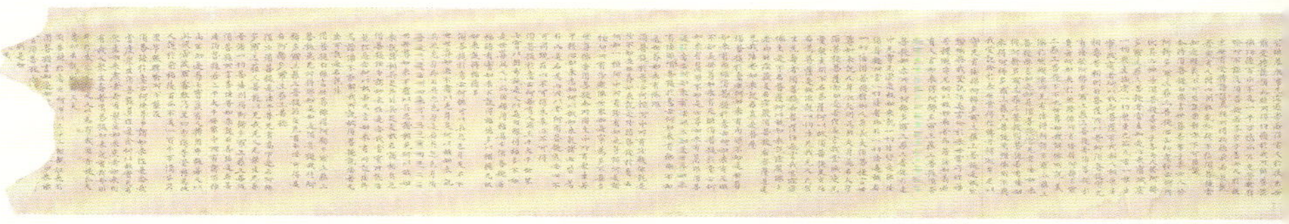

處一切世間天人阿修羅皆應供養如佛塔
廟何況有人盡能受持讀誦須菩提當知是
人成就最上第一希有之法若是經典所在
之處則為有佛若尊重弟子
爾時須菩提白佛言世尊當何名此經我等
云何奉持佛告須菩提是經名為金剛般若
波羅蜜以是名字汝當奉持所以者何須菩
提佛說般若波羅蜜則非般若波羅蜜須菩
提於意云何如來有所說法不須菩提白佛
言世尊如來無所說須菩提於意云何三千
大千世界所有微塵是為多不須菩提言甚
多世尊須菩提諸微塵如來說非微塵是名
微塵如來說世界非世界是名世界須菩提
於意云何可以三十二相見如來不不也世
尊何以故如來說三十二相即是非相是名

於意云何可以三十十二相見如來不不世世
尊何以故如來說三十二相即是非相是名
三十二相須菩提若有善男子善女人以恒
河沙等身命布施若復有人於此經中乃至
受持四句偈等爲他人說其福甚多
尒時須菩提聞說是經深解義趣涕淚悲泣
而白佛言希有世尊佛說如是甚深經典我
從昔來所得慧眼未曾得聞如是之經世尊
若復有人得聞是經信心清淨則生實相當
智是人成就第一希有功德世尊是實相者
則是非相是故如來說名實相世尊我得聞
如是經典信解受持不足爲難若當來世後
五百歲其有衆生得聞是經信解受持是人
則爲第一希有何以故此人无我相人相衆

生相壽者相所以者何我相即是非相人相
衆生相壽者相即是非相何以故離一切諸
相則名諸佛佛告須菩提如是如是若復有
人得聞是經不驚不怖不畏當知是人甚為
希有何以故須菩提如來說第一波羅蜜非
第一波羅蜜是名第一波羅蜜須菩提忍辱
波羅蜜如來說非忍辱波羅蜜何以故須菩
提如我昔為歌利王割截身體我於尒時无
我相无人相无衆生相无壽者相何以故我
於往昔節節支解時若有我相人相衆生相
壽者相應生瞋恨須菩提又念過去於五百
世作忍辱仙人於尒所世无我相无人相无衆
生相无壽者相
是故須菩提菩薩應離一切相發阿耨多羅
三藐三菩提心不應住色生心不應住聲香

BD00034　金剛般若波羅蜜經

是故須菩提菩薩應離一切相發阿耨多羅
三藐三菩提心不應住色生心不應住聲香
味觸法生心應生无所住心若心有住則為
非住是故佛說菩薩心不住色布施須菩提
菩薩為利益一切衆生應如是布施如來說
一切諸相即是非相又說一切衆生則非衆
生須菩提如來是真語者實語者如語者不
誑語者不異語者須菩提如來所得法此法
无實无虛須菩提若菩薩心住於法而行布
施如人入闇則无所見若菩薩心不住法而
行布施如人有目日光明照見種種色須
菩提當來之世若有善男子善女人能於此
經受持讀誦則為如來以佛智慧悉知是人
悉見是人皆得成就无量无邊功德

須菩提若有善男子善女人初日分以恒河
沙等身布施中日分復以恒河沙等身布施
後日分亦以恒河沙等身布施如是无量百
千万億劫以身布施若復有人聞此經典信
心不逆其福勝彼何況書寫受持讀誦為人
解說須菩提以要言之是經有不可思議不
可稱量无邊功德如來為發大乘者說為發
冣上乘者說若有人能受持讀誦廣為人說
如來悉知是人悉見是人皆成就不可量不
可稱无有邊不可思議功德如是人等則為
荷擔如來阿耨多羅三藐三菩提何以故須
菩提若樂小法者著我見人見衆生見壽者
見則於此經不能聽受讀誦為人解說須菩
提在在處處若有此經一切世間天人阿脩
羅所應供養當知此處則為是塔皆應恭敬

BD00034　金剛般若波羅蜜經

提在在處處若有此經一切世間天人阿脩
羅所應供養當知此處則為是塔皆應恭敬
作礼圍遶以諸華香而散其處復次須菩提
善男子善女人受持讀誦此經若為人輕賤
是人先世罪業應墮惡道以今世人輕賤故
先世罪業則為消滅當得阿耨多羅三藐三
菩提須菩提我念過去无量阿僧祇劫於然
燈佛所得值八百四千万億那由他諸佛悉
皆供養承事无空過者若復有人於後末世
能受持讀誦此經所得功德於我所供養諸
佛功德百分不及一千万億分乃至筭數譬
喻所不能及須菩提若善男子善女人於後
末世有受持讀誦此經所得功德我若具說
者或有人聞心則狂亂狐疑不信須菩提當

知是經義不可思議
尒時須菩提白佛言世尊善男子善女人發
阿耨多羅三藐三菩提心云何應住云何降
伏其心佛告須菩提善男子善女人發阿耨
多羅三藐三菩提者當生如是心我應滅度
一切衆生滅度一切衆生已而无有一衆生
實滅度者何以故若菩薩有我相人相衆生
相壽者相則非菩薩所以者何須菩提實无
有法發阿耨多羅三藐三菩提者須菩提於
意云何如來於然燈佛所有法得阿耨多羅
三藐三菩提不不也世尊如我解佛所說義
佛於然燈佛所无有法得阿耨多羅三藐三
菩提佛言如是如是須菩提實无有法如來
得阿耨多羅三藐三菩提須菩提若有法如
來得阿耨多羅三藐三菩提然燈佛則不與

菩提佛言如是如是[illegible]
得阿耨多羅三藐三菩提須菩提若有法如
來得阿耨多羅三藐三菩提然燈佛則不與
我受記汝於來世當得作佛号釋迦牟尼以
實无有法得阿耨多羅三藐三菩提是故然
燈佛與我受記作是言汝於來世當得作佛
号釋迦牟尼何以故如來者即諸法如義若
有人言如來得阿耨多羅三藐三菩提須菩
提實无有法佛得阿耨多羅三藐三菩提須
菩提如來所得阿耨多羅三藐三菩提於是
中无實无虛是故如來說一切法皆是佛法
須菩提所言一切法者即非一切法是故名
一切法須菩提譬如人身長大須菩提言世
尊如來說人身長大則為非大身是名大身
須菩提菩薩亦如是若作是言我當滅度无

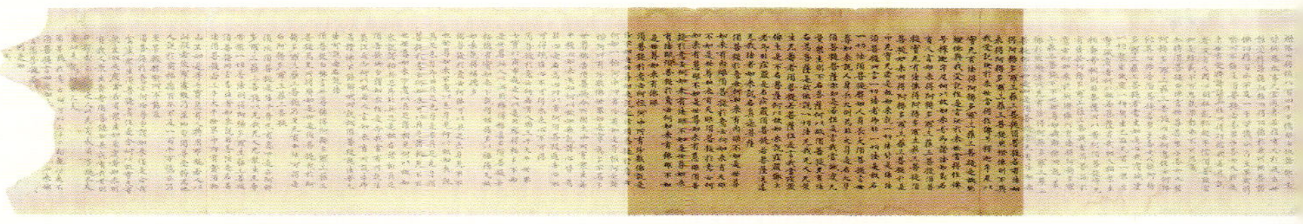

量衆生則不名菩薩何以故須菩提无有法
名為菩薩是故佛説一切法无我无人无衆
生无壽者須菩提若菩薩作是言我當莊嚴
佛土是不名菩薩何以故如來説莊嚴佛土
者即非莊嚴是名莊嚴須菩提若菩薩通達
无我法者如來説名真是菩薩
須菩提於意云何如來有肉眼不如是世尊
如來有肉眼須菩提於意云何如來有天眼
不如是世尊如來有天眼須菩提於意云何
如來有慧眼不如是世尊如來有慧眼須菩
提於意云何如來有法眼不如是世尊如來
有法眼須菩提於意云何如來有佛眼不如
是世尊如來有佛眼
須菩提於意云何恒河中所有沙數佛説是
沙不如是世尊如來説是沙須菩提

須菩提於意云何恒河中所有沙數佛說是
沙不如是世尊如來說是沙須菩提於意云
何如一恒河中所有沙有如是等恒河是諸
恒河所有沙數佛世界如是寧為多不甚多
世尊佛告須菩提尒所國土中所有衆生若
干種心如來悉知何以故如來說諸心皆為
非心是名為心所以者何須菩提過去心不
可得現在心不可得未來心不可得
須菩提於意云何若有人滿三千大千世界
七寶以用布施是人以是因緣得福多不如
是世尊此人以此因緣得福甚多須菩提若
福德有實如來不說得福德多以福德无故
如來說得福德多
須菩提於意云何佛可以具足色身見不不

也世尊如來不應以色身見何以故如來說
具足色身即非具足色身是名具足色身須
菩提於意云何如來可以具足諸相見不不
也世尊如來不應以具足諸相見何以故如
來說諸相具足即非具足是故名諸相具足
須菩提汝勿謂如來作是念我當有所說法
莫作是念何以故若人言如來有所說法即
為謗佛不能解我所說故須菩提說法者无
法可說是名說法
須菩提白佛言世尊佛得阿耨多羅三藐三
菩提為无所得耶如是如是須菩提我於阿
耨多羅三藐三菩提乃至无有少法可得是
名阿耨多羅三藐三菩提
復次須菩提是法平等无有高下是名阿耨
多羅三藐三菩提以无我无人无衆生无壽

名阿耨多羅三藐三
復次須菩提是法平等无有高下是名阿耨
多羅三藐三菩提以无我无人无衆生无壽
者脩一切善法則得阿耨多羅三藐三菩提
須菩提所言善法者如來說非善法是名善
法須菩提若三千大千世界中所有諸須弥
山王如是等七寶聚有人持用布施若人以
此般若波羅蜜經乃至四句偈等受持爲他
人說於前福德百分不及一百千万億分乃
至筭數譬喻所不能及
須菩提於意云何汝等勿謂如來作是念我
當度衆生須菩提莫作是念何以故實无有
衆生如來度者若有衆生如來度者如來則
有我人衆生壽者須菩提如來說有我者則
非有我而凡夫之人以為有我須菩提凡夫

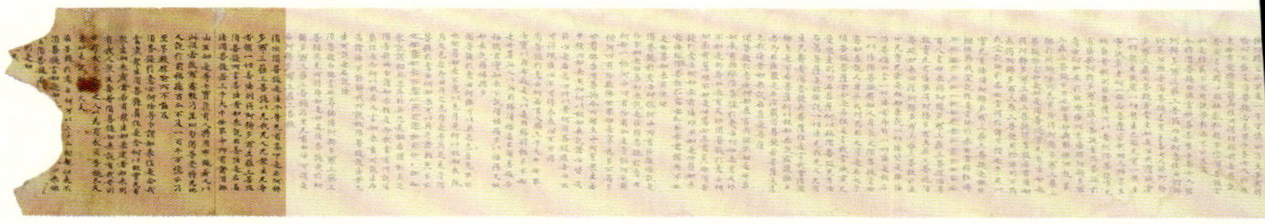

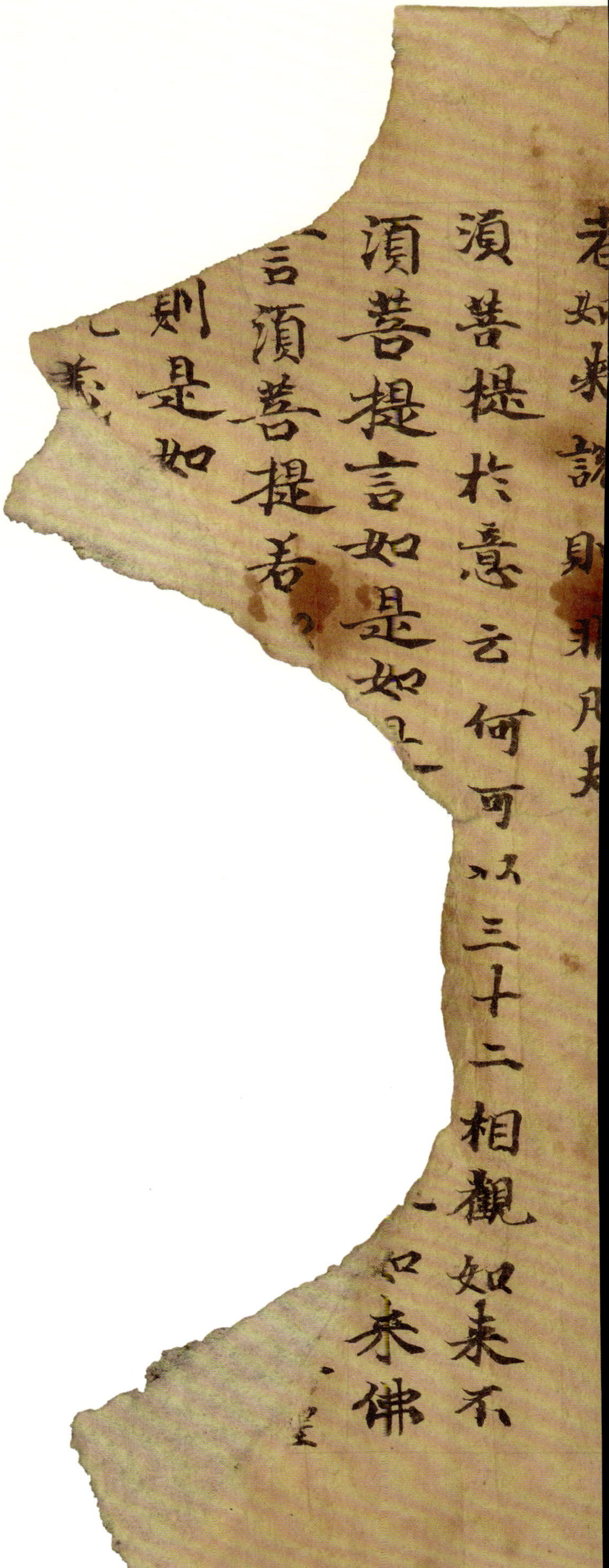

者如來說則非凡夫

須菩提於意云何可以三十二相觀如來不

須菩提言如是如是……如來佛

言須菩提若以……王

則是如

……義

圖書在版編目（CIP）數據

中國國家圖書館藏敦煌文獻．第二册 / 中國國家圖書館編．—北京：國家圖書館出版社，2023.12

ISBN 978-7-5013-7877-7

Ⅰ．①中… Ⅱ．①中… Ⅲ．①敦煌學－文獻 Ⅳ．① K870.6

中國國家版本館 CIP 數據核字（2023）第 186774 號

書　　名	中國國家圖書館藏敦煌文獻・第二册
著　　者	中國國家圖書館　編
項目統籌	魏　崇　殷夢霞
責任編輯	潘　竹　程魯潔　黄　鑫　苗文葉
責任校對	劉宇石　王　衡
出版發行	國家圖書館出版社（北京市西城區文津街 7 號　100034） （原書目文獻出版社　北京圖書館出版社） 010-66114536　63802249　nlcpress@nlc.cn（郵購）
網　　址	http://www. nlcpress. com
排版印裝	天津裕同印刷有限公司
版次印次	2023 年 12 月第 1 版　2023 年 12 月第 1 次印刷
開　　本	787 × 1092　1/8
印　　張	42.5
書　　號	ISBN 978-7-5013-7877-7
定　　價	2800.00 圓